Peter Jentzsch

Training Aufsatz Inhaltsangabe

7./8. SCHULJAHR
BEILAGE: LÖSUNGSHEFT

Ernst Klett Verlag
Stuttgart Düsseldorf Leipzig

Der vorliegende Band stellt eine gekürzte und verbesserte Fassung des früheren Bandes „Training Aufsatz Inhaltsangabe", Klettbuch 922064 dar.

 Dieses Werk folgt der reformierten Rechtschreibung und Zeichensetzung.

 Gedruckt auf Papier, das aus chlorfrei gebleichtem Zellstoff hergestellt wurde.

Die Deutsche Bibliothek – CIP-Einheitsaufnahme

Jentzsch, Peter:
Training Aufsatz – Inhaltsangabe : 7./8. Schuljahr ; [folgt der reformierten Rechtschreibung und Zeichensetzung] / Peter Jentzsch. – 1. Aufl. – Stuttgart ; Düsseldorf ; Leipzig : Klett, 1997
ISBN 3-12-922094-1

1. Auflage 1997
Alle Rechte vorbehalten
Fotomechanische Wiedergabe nur mit Genehmigung des Verlages
© Ernst Klett Verlag GmbH, Stuttgart 1997
Gesamtherstellung: Wilhelm Röck, Weinsberg
ISBN 3-12-922094-1

INHALT

VORWORT 5

1. Eine Inhaltsangabe – was ist das eigentlich? 7

Was ist typisch für eine Nacherzählung? 8
Worauf kommt es bei einer Inhaltsangabe an? 10
Was ist die Aufgabe des Klappentextes? 14
Die Stichwortgliederung 17

2. Drei Wege zur Inhaltsangabe 19

Die Wegstreichmethode 19
Die Markierungsmethode 22
Die Ergänzungsmethode 23
Vom Markieren zum Exzerpieren 24

3. Wir trainieren die Inhaltsangabe 28

Zusammenhänge erkennen, Durchblick gewinnen 28
Was leistet eine treffende Überschrift? 31
Die Einleitung: Kurzinformation für einen Adressaten .. 32
Auf die Reihenfolge kommt es an 33
Erzählerkommentar in der Inhaltsangabe wiedergeben . 37
Was fängt man mit der wörtlichen Rede an? 39
Die Dreischritt-Methode 41
Was hast du in diesem Kapitel gelernt? 44

4. Spurensuche in Texten 48

Das Warum-Spiel 48
Wie man das gezielte Fragen lernen kann 51

INHALT

5 Die Inhaltsangabe nach Gehör — 54

Erst zuhören, dann Stichwortnotizen 55
Mitschreiben beim Zuhören 59
Sei neugierig auf den Inhalt 62
Finger weg vom Textwortlaut 67
Auf Zeitablauf und Erzählreihenfolge achten 69
„Und die Moral von der Geschicht"? 74

6 Übung macht den Meister — 76

W-Fragen helfen beim Textverständnis 76
Die Stichwortgliederung – Zugang zum Handlungsablauf 79
Erste Schritte zur Personencharakterisierung 84
Alles schön der Reihe nach 87
Der Zusammenhang von Grund und Folge 88
Wohin mit der wörtlichen Rede? 91
Die Einleitung 92
Eine treffende Überschrift 93
Erzählerkommentar und Leserkommentar 95

7 Von der Inhaltsangabe zur Texterschließung — 96

Rückblick und Ausblick 98
Der Fragenkompass als Mittel der Texterschließung 100

QUELLENVERZEICHNIS — 102

VORWORT

Liebe Schülerin, lieber Schüler,

dieses Buch will dir zeigen, wie du eine ordentliche **Inhaltsangabe** schreibst. Immerhin ist dies eine Arbeits- und Aufsatzform, die du bis zum Abitur und darüber hinaus brauchst; denn du kannst erst dann behaupten, du habest ein Buch gelesen und verstanden, wenn du seinen Inhalt in eigenen Worten richtig wiedergeben kannst. Genau das leistet die Inhaltsangabe, und zwar nicht nur für Erzählungen oder Bücher, sondern auch für Filme oder Fernsehsendungen. Inhalte musst du also auch im Alltag wiedergeben können.

Beherrschst du die Inhaltsangabe, dann gewinnst du zugleich einen ersten Zugang zur **Beschreibung, Erschließung und Erklärung eines Textes**; denn nur wer den Inhalt einer Geschichte verstanden hat, findet einen Weg zu ihrem Sinn, ihrer Aussage. Deshalb lernst du hier nicht nur wesentliche **Merkmale einer Inhaltsangabe** kennen, sondern auch **einfache Verfahren der Texterklärung**, wie du sie täglich im Unterricht anwenden kannst.

Dazu brauchst du eine solide handwerkliche Grundlage, und das sind die Arbeitsverfahren, die Methoden, die du hier kennenlernst und übst. Solche **Arbeitstechniken** sind z. B. die Wegstreichmethode, das Textmarkieren und die Stichwortgliederung.

Zur soliden Arbeitsgrundlage gehört in jedem Fach ein bestimmtes **Handwerkszeug**. Das ist im Deutschunterricht ein Vorrat an Fragen, nach verschiedenen Textmerkmalen oder sprachlichen Kennzeichen, die du aus der Grammatik vielleicht kennst; mit Ihnen kann man sich einen Zugang zum Textverständnis erschließen. In Merkkästen kannst du auch später das Wichtigste immer wieder nachlesen. Damit gehst du die ersten Schritte zur Interpretation, zu der auch die Beschäftigung mit der Inhaltsangabe hinführt.

Wie ist dieses Trainingsbuch angelegt und aufgebaut?
Der Leser wird über mehrere Kapitel hinweg allmählich zum Ziel geführt. Jedes Kapitel besteht aus vier verschiedenen Übungs- und Informationsteilen. Am Anfang stehen meist **einführende Erklärungen**, dann folgt in Abschnitten **eine kleine, oft lustige Geschichte**, die du mit verschiedenen **Übungen** erarbeitest, bis du dazu eine Inhaltsangabe schreiben oder Fragen zum Sinn des Textes beantworten kannst. Schließlich wird in einem **Merkkasten** das **Ergebnis** der Arbeit zusammengefasst, damit du deine Erkenntnisse leichter auf einen anderen Text anwenden kannst.

Wie kannst du mit diesem Trainingsbuch arbeiten?
Das **Arbeitspensum** teilst du dir selbst ein; vergiss dabei die Verschnaufpausen nicht. Sie müssen nicht erst am Ende eines Kapitels liegen. Lies Texte und Übungsaufgaben genau, dann fällt dir die Lösung leichter. **Lege immer einen Zettel neben das Buch,** damit du dir gleich Notizen zu den Übungen machen

kannst. Diese Notizen sind für unser Trainingskonzept wichtig, weil dir oft **die Lösungen** überhaupt erst **beim Schreiben** einfallen.

Gelegentlich greifen einige Übungen frühere Aufgaben wieder auf, um deine Fertigkeiten zu festigen. Solltest du die Lösung dann rasch erkennen, brauchst du sie nicht erst aufzuschreiben. Prüfe, ob du nicht sogar eine solche Aufgabe überspringen kannst. Vor einem aber hüte dich: **Schaue nicht zu früh ins Lösungsheft**, denn damit beschummelst du dich und bringst dich um den wirklichen Lernerfolg. Nur was man selbst erarbeitet und durchdacht hat, haftet länger im Gedächtnis.

Genug nun der Vorrede. Viel Erfolg beim Training!

Eine Inhaltsangabe – was ist das eigentlich?

Das ist doch klar, wirst du denken: Eine **Inhaltsangabe** gibt den Inhalt eines Textes oder auch eines Films wieder. Man erzählt einfach, was in einem Film oder einem Buch vorkommt. Aber so einfach ist das nicht. Mit dem Verb „erzählen" wäre dir bereits ein Fehler unterlaufen, denn eine Inhaltsangabe ist alles andere als eine Nach„Erzählung". Damit es in Zukunft keine Verwechslung mehr gibt, lernst du in diesem ersten Kapitel, welche anderen Textsorten oft im Zusammenhang mit der Inhaltsangabe genannt werden.

Das sind die **Nacherzählung**, der **Klappentext** und die **Stichwortgliederung**, die übrigens nicht nur eine Schreibform, sondern zugleich eine wichtige Arbeitstechnik ist.

Worin unterscheiden sich nun diese Schreibweisen von der Inhaltsangabe?
Da ist zunächst der Originaltext, z. B. eine längere oder kürzere Erzählung. Eine kürzere Geschichte kann man ganz nacherzählen, aus einer längeren kann man einen interessanten Teil herausgreifen und diesen nacherzählen. In der Regel wird diese Nacherzählung kürzer sein als die Vorlage. Kürzt man den Originaltext oder die Nacherzählung weiter und beschränkt sich dabei nur auf wesentliche Informationen, so kommt man zur Inhaltsangabe, die sich – zumindest im Umfang – mit einem Klappentext vergleichen lässt. Noch kürzer jedoch ist die Stichwortgliederung.

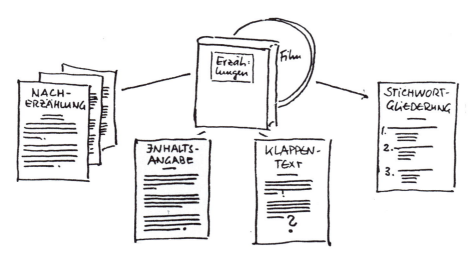

Was ist typisch für eine Nacherzählung?

Die Nacherzählung gibt den Inhalt eines Film- oder Buchausschnittes möglichst lebendig, anschaulich und spannend wieder, damit Leser oder Zuhörer gut unterhalten werden und alles greifbar vor ihren inneren Augen sehen. Der folgende Anfang einer Nacherzählung führt den Leser in die Wunderwelt des Orients, wie du sie sicher aus „Tausendundeine Nacht" kennst.

Der Kalif und der kluge Richter

(1) Ärger wollte er nicht haben mit seinen Untertanen, das ist wahr; aber ihre Grundstücke hätte er gerne besessen. Er musste sie haben,
5 wenn er seinen Park vergrößern wollte, der Kalif Hakkam, der mächtige Herrscher, der vor vielen Jahrhunderten im Orient lebte. Er liebte Pracht und Luxus über alles,
10 deshalb waren ihm seine alten Gärten nicht mehr gut genug. So wollte er den Park um seinen Palast verschönern und erweitern. Dazu brauchte er die angrenzenden Grundstücke seiner Untertanen um jeden Preis. Der Plan zu einer großartigen Parklandschaft entstand in seinem Kopf, als er, auf einer Dachterrasse vor den goldenen Kuppeln
15 des Hauptpalastes stehend, auf die alten Gärten hinabblickte. Der Lärm aus der Stadt drang bis zu ihm herauf, denn die Gärten grenzten an ein belebtes Geschäftsviertel; immer wieder hörte er die Rufe der Kameltreiber und der Händler, das Blöken der Schafe oder das schrille Geschrei eines störrischen Esels.
20 „Das muss anders werden", sagte er, „und zwar bald, koste es, was es wolle." Blumen und vielfarbige Sträucher wollte er sehen und ihren Duft genießen, gleich am Palast. Die Gehwege sollten mit bunten Mosaiksteinen gepflastert werden, und an jeder Wegkreuzung sah er kostbar gekachelte Springbrunnen vor seinem geistigen Auge und
25 hörte sie munter plätschern. Weiter draußen, wo ihn jetzt noch die Häuser der Altstadt störten, sollten Bäume wachsen, Palmen und Tamarisken, und die roten Früchte der Granatapfelbäume wollte er in der Sonne glänzen sehen.

1 EINE INHALTSANGABE – WAS IST DAS EIGENTLICH?
Was ist typisch für eine Nacherzählung?

> Doch wenn dieser Wunsch Wirklichkeit werden sollte, musste das Altstadtviertel hinter den Mauern seines Parks verschwinden. Wie konnte er das Land an sich bringen? Was war zu tun?

AUFGABE 1

a) Unterstreiche alle Wörter oder Sätze, die dein Auge ansprechen, also Dinge oder Vorgänge, die man sehen kann, mit einem blauen Stift oder einer geraden Linie.

b) Was du vor deinem inneren Ohr hören kannst, also Geräusche, Stimmen, Worte, das unterstreichst du mit einer gestrichelten Linie oder rot.

c) Klammere alle bisher unterstrichenen Wörter und Sätze ein, die nur der Ausschmückung dienen, die also typisch für die Nacherzählung sind. [ ]

d) Lies nun die nicht eingeklammerten Sätze nochmals durch. Schreibe alle Informationen heraus, die dir für das Verständnis der Vorgänge wichtig erscheinen. Du kannst die Sätze dabei kürzen oder umformen. Unterstreiche alle Verben deiner Zusammenfassung und übertrage sie ins Präsens. Damit bist du der Inhaltsangabe schon näher, die im Präsens, in der Gegenwart, steht.

e) Markiere mit einem Farbstift alle Wörter und Sätze, die das Interesse des Lesers wecken könnten, z. B. „Das muss anders werden."

MERKE

Was muss eine Nacherzählung leisten?

- Eine Nacherzählung ist anschaulich, d. h., man kann den Inhalt vor seinem geistigen Auge sehen, z. B. die Personen und die Vorgänge, die Gebäude und die Landschaft, fast wie in einem Film.
- Eine Nacherzählung bietet auch Ohrenfutter: Man kann beim Lesen etwas vor seinem inneren Ohr hören, z. B. Geräusche, Stimmen, gesprochene Worte oder Töne – wie im Radio.
- Eine Nacherzählung beginnt interessant und entwickelt sich spannend auf einen Höhepunkt zu.

Kurz: Eine lebendige Nacherzählung spricht Augen und Ohren der Leser oder Zuhörer an. Sie bietet ihnen Spannung oder Unterhaltung und schmückt dabei Einzelheiten sprachlich aus.

Worauf kommt es bei einer Inhaltsangabe an?

Was bei einer Nacherzählung wichtig ist, hast du teilweise eben schon wiederholt, indem du z.B. eingeklammert hast, was der Ausschmückung dient. Spannend soll es in einer guten Nacherzählung zugehen. Sie soll die Augen, die Ohren, auch die Phantasie des Lesers oder Zuhörers ansprechen.

Ganz anders die **Inhaltsangabe**. Hier ist jedes ausführliche Erzählen fehl am Platze. Sie ist **kurz** und **knapp** und beschränkt sich nur auf die wesentlichen **Informationen**, die zum Verständnis der in einer Geschichte erzählten Ereignisse notwendig sind.

> **MERKE**
>
> **Worauf kommt es bei einer Inhaltsangabe an?**
> - Sie ist knapp, nüchtern und sachlich.
> - Sie kommt ohne erzählerische Ausschmückungen aus.
> - Sie informiert in Kürze über den Inhalt einer Erzählung oder eines ganzen Buches, eines Films oder einer Sendung.
> - Ihre Aufgabe ist nicht die Unterhaltung, sondern die sachliche Information eines Lesers (Zuhörers).
> - Die Inhaltsangabe steht im Präsens.

AUFGABE 2

a) Rechts findest du die Fortsetzung der Geschichte vom Kalifen und dem klugen Richter. Unterstreiche im zweiten Erzählabschnitt (2) alle Wörter, die nach deiner Meinung zum Verständnis der weiteren Ereignisse unbedingt notwendig sind.

b) Bilde aus diesen Wörtern und Satzteilen wenige kurze Sätze. Setze deinen Text anschließend ins Präsens.

Der Kalif und der kluge Richter

(2) Der Kalif schickte seine Hofbeamten aus zu allen Haus- und Grundstücksbesitzern des Altstadtviertels, das an seinen Park angrenzte. Er hatte die Gesetze nochmals studiert und erkannte, dass an eine Enteignung nicht zu denken war. Natürlich hätte er den einen oder anderen unter irgendeinem Vorwand ins Gefängnis stecken können, aber schließlich wäre es doch aufgefallen, wenn sich seine Gefängnisse mit Bewohnern des Stadtviertels gefüllt hätten, das er für die Erweiterung seiner Gärten brauchte. So war er klug genug, die Gesetze einzuhalten und den Besitzern der Häuser und Grundstücke eine erkleckliche Summe anzubieten, damit sie ihm das Gelände für seinen Park verkauften. Da er genug Schätze besaß, konnte er großzügig sein und den Grundstückseigentümern so viel bezahlen lassen, wie sie verlangten. Und alle waren zufrieden mit dieser Lösung.

Nur eine Ausnahme gab es, die allen Beteiligten Sorgen bereitete: Eine arme alte Witwe wollte das Haus nicht verkaufen, in dem vor ihr schon ihr Vater und ihr Großvater und dessen Vorfahren aufgewachsen waren; nicht nur wegen der guten Lage, die ihr eine kleine, aber notwendige Einnahme erlaubte, sondern weil sie es einst ihrem Vater versprochen hatte, das Haus später ihren Kindern und Kindeskindern weiterzugeben. Doch all ihr Bitten und Flehen hatte keinen Erfolg. Der Aufseher der königlichen Gebäude nahm ihr das kleine Grundstück mit Gewalt weg, und der Kalif konnte mit dem Ausbau seiner Palastgärten beginnen.

(3) Doch die Witwe blieb nicht tatenlos. Sie ging zum Richter der Stadt, klagte ihm ihr Leid und bat ihn händeringend um seine Hilfe. Sie sei eine schutzlose alte Frau, ihre Kinder lebten weit entfernt in einer anderen Stadt, und hier habe sie niemanden, der ihr helfen könne. Er, der berühmte Kadi, sei ihre letzte Hoffnung. So klagte sie in schlichten Worten und der Kadi erkannte rasch, dass ihr wirklich Unrecht geschehen war. Kein Gesetz erlaubte es dem Herrscher, einem unbescholtenen Untertanen das Grundstück wegzunehmen, aus welchem Grunde auch immer.

Der kluge Richter kannte die Gesetze, aber er kannte auch die Macht eines Kalifen und er wusste, dass die Mächtigen die Gesetze gern zu ihren Gunsten auslegen lassen. Also sann er auf eine List, denn er wusste auch, dass der Kalif ein verständiger Mann war, dem das Los seiner Untertanen nicht gleichgültig war. Er tröstete die Witwe und versprach ihr, sich für ihr Recht einzusetzen.

(4) Gesagt getan, ging er an die Ausführung seines Planes. Er lud einen Packsattel auf seinen Esel und nahm einen großen Sack mit. So ritt er zu den neuen Gärten des Kalifen, die noch für alle zugänglich waren, weil die Gärtner und Bauhandwerker noch am Werke waren. Er ritt zu der Stelle, auf der sich das Grundstück der Witwe befunden hatte. Gerade war der Kalif dabei, die Baustelle zu besichtigen, als der Kadi mit seinem Esel eintraf. Er warf sich dem Herrscher zu Füßen und bat ihn um die Erlaubnis, den Sack mit Erde füllen zu dürfen. Den Kalifen belustigte das wunderliche Ansinnen, und so gab er die Erlaubnis, um herauszufinden, was das bedeuten solle, denn er kannte seinen Kadi als einen klugen Mann.

(5) Als der Sack voll war, warf sich der Richter wieder zu Füßen des Kalifen nieder: „Oh Herr, beliebte es Euch doch, Eurem unwürdigen Diener dabei zu helfen, diesen Sack auf den Esel zu laden." Der Kalif erstaunte nicht minder als zuvor, und er zögerte zunächst. Als er aber sah, dass keiner seiner Bauarbeiter in der Nähe war, half er dem Manne auf die Füße und sagte ihm seine Hilfe zu. Er war inzwischen noch neugieriger geworden zu erfahren, was seinen obersten Richter dazu bewog, sich so seltsam zu verhalten. So packten beide an und ergriffen entschlossen den Sack. Aber es war vergebene Liebesmüh. Sie konnten ihn nicht von der Stelle bewegen.

(6) Fragend sah nun der Kalif seinen Richter an und er sprach: „Kadi, die Bürde ist zu schwer, wir können sie nicht heben. Ich lasse Helfer rufen." Doch der Kadi winkte ab, nahm allen seinen Mut zusammen und sagte:

1 EINE INHALTSANGABE – WAS IST DAS EIGENTLICH?
Worauf kommt es bei einer Inhaltsangabe an?

„Herr, Ihr findet diese Bürde
70 zu schwer und doch enthält
sie nur einen kleinen Teil der
Erde, die Ihr ungerechter-
weise einer armen Witwe
genommen habt! Wie wollt
75 Ihr denn das ganze geraubte
Land tragen können, wenn
es der Richter der Welt am
großen Gerichtstage auf
Eure Schultern legen wird?"
80 Der Kalif war betroffen.
Lange sah er den kühnen
Richter schweigend an; dann
aber lobte er den Mut und
die Klugheit seines Kadi und
85 gab der Witwe das Erbe
zurück mit allem darauf,
was er selbst schon hatte
bauen lassen.

AUFGABE 3

a) Kürze zunächst den Inhalt der Abschnitte 3 und 4 wie in Aufgabe 2. Unterstreiche die wichtigsten Informationen, lasse dabei alles Ausschmückende weg.

b) Schreibe diese unterstrichenen Informationen heraus, spare aber nun einen Arbeitsgang ein, indem du die Verben gleich in das Präsens, die Gegenwart, umformst, z. B.: „Der Kalif **s**chickt seine Hofbeamten aus. (...) Doch die Witwe bleibt nicht tatenlos."

AUFGABE 4

a) Bearbeite den fünften Abschnitt, indem du wieder alles Wichtige unterstreichst und in wenigen Sätzen – im Präsens – zusammenfasst. Die Formulierungen kannst du verändern, um zu kürzen.

b) Da der letzte Abschnitt viel wörtliche Rede enthält, fällt das Kürzen schwerer. Übertrage die wörtliche Rede gekürzt in den Konjunktiv und fasse dann den Inhalt zusammen. Beispiel: „Der Richter erwiderte mutig, das sei ungerecht. Gott werde ihn beim Jüngsten Gericht dafür strafen." (...)
Wenn es dir nicht auf Anhieb gelingt, tröste dich. Du lernst später noch genauer, wie man mit der wörtlichen Rede bei Inhaltsangaben umgeht.

Wie lang oder kurz eine Inhaltsangabe sein darf, das hängt nicht nur von der Länge der Vorlage ab, sondern auch vom Interesse des Zuhörers oder der Aufgabenstellung im Unterricht. Im Zweifelsfalle fragst du deinen Lehrer danach.

In den vorausgegangenen Übungen konntest du Inhaltsangabe und Nacherzählung miteinander vergleichen und erste Unterschiede erkennen. Du kannst dir also merken:

> **Unterschiede zwischen Nacherzählung und Inhaltsangabe**
> - Die Nacherzählung ist anschaulich, spannend und lebendig; sie schmückt die Geschichte aus. Ihre Aufgabe ist eher die Unterhaltung. Das gilt auch für andere Formen der Erzählung.
> - Die Inhaltsangabe dagegen ist kurz, nüchtern und sachlich. Sie informiert über Texte und Bücher, Filme und Sendungen in aller Knappheit, ohne Ausschmückungen.

Was ist die Aufgabe des Klappentextes?

Verwechselt wird die Inhaltsangabe manchmal mit dem **Klappentext**. Was ist das? – Es ist, vereinfacht gesagt, eine **Mischung** aus **Werbung** und **Information**. Wer nicht viel Zeit hat, beim Kauf in einem Buch herumzulesen, schaut auf den Klappentext und erfährt mit wenigen Sätzen, worum es geht, welche Personen darin vorkommen und in welche Zeit es den Leser führt. Mit dem Hinweis auf spannende Ereignisse oder Abenteuer bricht der Klappentext ab, er hinterlässt ein Fragezeichen. Der Leser möchte gern wissen, wie es weitergeht und kauft das Buch. Ein Klappentext ist also eine Art geistiger Appetitanreger für Bücher. Seinen Namen verdankt er der Stelle, an der er meist abgedruckt wird: auf der inneren Klappe des Bucheinbandes.

Bevor du selbst einen Klappentext schreibst, lernst du besser erst ein Beispiel kennen. Die Geschichte vom Kalifen Hakkam könnte in der berühmten Märchensammlung aus dem Orient stehen, in „Tausendundeine Nacht". Auf S. 15 folgt ein Original-Klappentext zu einer der neuesten Ausgaben dieser Sammlung märchenhafter Erzählungen.

1 EINE INHALTSANGABE – WAS IST DAS EIGENTLICH?
Was ist die Aufgabe des Klappentextes?

AUFGABE 5

Prüfe nach, wie Werbung und Information im Klappentext miteinander verbunden werden. Unterstreiche rot (oder mit einer Linie) alle werbewirksamen Reizwörter und notiere sie neben dem Text oder auf einem Zettel.

Unterstreiche blau (oder gestrichelt) alle Informationen im Text und notiere sie in Stichwörtern.

Werbung

„... Kinderherz schlägt höher"
→ Gefühl angesprochen

(?) spricht Leser direkt an

„geheimnisvoll" →
→ weckt Neugier,
→ klingt spannend

Märchen-

Informationen

„Orient", „Paläste" usw.
= Schauplatz

Teppich

Welches Kinderherz schlägt nicht höher beim Klang dieser geheimnisvollen Worte? Der ferne Zauber des Orients, die unbekannte Welt der Paläste und Moscheen mit dem Reiz der üppigen Gärten in ihrer Farbenpracht, der bunte Märchenteppich fremdartiger Völker mit ihren Sitten und Gebräuchen, farbigen Basaren, bizarren Meeresküsten, Wüsten und Oasen tut sich vor uns auf. Diese uralte Sammlung der Geschichten aus Tausendundeiner Nacht entstand im alten Persien und wurde von den Arabern schon vor tausend Jahren übernommen. Unsere Ausgabe enthält eine Auswahl der schönsten Märchen, die ihre uralte Zauberkraft bis heute bewahrt haben.

Du hast gemerkt, dass werbewirksame Wörter vorherrschen, die an die Phantasie, die Gefühle oder die Neugier der Leser appellieren. Die Informationen sind dagegen sehr knapp gehalten.

Ein wichtiger Kunstgriff, der die Machart dieses gelungenen Werbetextes zeigt, ist dir sicher nicht entgangen. Durch geschickte **Wortverbindungen** bekommen normale Vokabeln wie „Worte", „Orient", „Welt", „Paläste", „Sammlung" usw. einen oft geheimnisvollen Beiklang, z. B.:
- Substantive miteinander (Kinder-Herz, Märchenteppich)
- Genitivverbindungen (Zauber des Orients)
- Verbindungen mit Verben (Kinderherz schlägt höher) oder
- Substantive mit Adjektiven, z. B.: geheimnisvolle Worte, ferner Zauber des Orients, unbekannte Welt der Paläste

MERKE

Worauf kommt es bei einem Klappentext an?

- Er gibt erste Informationen über den Inhalt eines Buches oder einer Erzählung. Das verbindet ihn mit der Inhaltsangabe.
- Die inhaltlichen Hinweise beschränken sich oft auf Andeutungen zu den Hauptpersonen oder den Schauplätzen, zum Zeithintergrund oder zu Spannungsmomenten.
- Oft sprechen die Informationen mit konkreten Bildern („Paläste") das Auge, das Ohr oder die Phantasie des Lesers an. Das verbindet den Klappentext mit der Nacherzählung.
- Neben den Reizwörtern haben auch die Informationen die Aufgabe, die Neugier des Lesers zu wecken. Der Klappentext ist ein Appetitanreger für Leser.
- Seine Aufgabe ist es, für ein Buch Reklame zu machen. Als „appellativer" (werbender) Text will er die Kauflust der Leser wecken.
Die Inhaltsangabe ist eher eine trockene, nüchterne und sachliche Schreibform. Bei einem Klappentext kann es sprachlich oft auch locker zugehen.

AUFGABE 6

Klappentexte schreibt man für Bücher, weniger für einzelne Erzählungen. Versuche es dennoch, über die Geschichte vom Kalifen und dem klugen Richter einen Klappentext zu schreiben. Verwende dabei möglichst viele freundliche Reizwörter, die das Interesse der Leser wecken.
Bedenke, dass auch Fragesätze neugierig machen können.

Die Stichwortgliederung

Du hast jetzt erste Unterscheidungsmerkmale für verschiedene Schreibformen kennen gelernt. Die Nacherzählung soll anschaulich und lebendig sein, um den Leser gut zu unterhalten. Der Klappentext hat einen appellativen Charakter. Er verbindet Werbung mit Information. Eine Inhaltsangabe hingegen fasst die Inhalte, also das, was in einem Text oder Film erzählt wird, kurz und sachlich zusammen.

Was aber hat die **Stichwortgliederung**, der du ja schon im Unterricht begegnet bist, mit der Inhaltsangabe zu tun? Ganz einfach das, was sie auch bei anderen Aufsatzarten leistet: sie ist eine nützliche **Vorbereitungshilfe** für die Inhaltsangabe. Sie kann dir mit wenigen Worten zeigen, ob du alle wichtigen Personen erfasst hast, ob du die wichtigsten Ereignisse in der richtigen Reihenfolge erkannt und angeordnet und oft auch, ob du den Sinn der Geschichte richtig verstanden hast. Da du bei deinen Stichwortnotizen mit wenigen Worten auskommst, kannst du außerdem viel Zeit sparen; denn vollständige Sätze brauchst du hier nicht zu formulieren. Ein Beispiel zu unserer Geschichte:

> 1. Herrscher hat Baupläne
> - Lust auf Palastgärten
> - phantastische Pläne
> - Was wird mit der Altstadt?
>
> 2. Kauf oder Enteignung?
> - Was sagen Gesetze?
> - Aufkauf der Altstadt
> - großzügige Preise
> - Ärger mit Witwe
> - gewaltsame Enteignung

AUFGABE 7

Setze die angefangene Stichwortgliederung fort. Versuche dabei, über je einen Abschnitt eine Zwischenüberschrift zu setzen, damit alles übersichtlicher wird. Vergegenwärtige dir notfalls noch einmal die Merkmale der Stichwortgliederung. Sie sind im Merkkasten auf S. 18 zusammengefasst.

MERKE

Worauf kommt es bei einer Stichwortgliederung an?

- Als Materialsammlung und -ordnung ist sie eine Vorbereitungshilfe für verschiedene Aufsatzarten. Sie hilft Zeit sparen, weil sie mit wenigen Stichworten auskommt.
- Notiert werden – als Gedächtnisstütze – wichtige Personen, Ereignisse oder Zusammenhänge, neben diesen Tatsachen aber auch Stimmungen oder Gefühle (z. B. Angst, Freude).
- Wichtig ist die richtige Reihenfolge der Stichwortnotizen. Sie gibt einen Überblick über den inhaltlichen Ablauf einer Geschichte, eines Buches, eines Films.
- Werden inhaltlich zusammenhängende Abschnitte durch Zwischenüberschriften untergliedert (und beziffert), so erkennt man den Aufbau einer Erzählung auf einen Blick.
- Die sprachliche Form: Die Stichwörter können dem Text entnommen oder selbst formuliert werden; ganze Sätze sind überflüssig; je kürzer, desto übersichtlicher.

Drei Wege zur Inhaltsangabe

Drei Arbeitsverfahren kannst du in diesem Kapitel einüben:
1. die Wegstreich- oder Kürzungsmethode,
2. die Markierungsmethode,
3. das Ergänzungsverfahren.

Die ersten beiden Verfahren hast du bereits bei der Geschichte vom Kalifen und dem klugen Richter benutzt. Du hast alles weggestrichen, was für eine Inhaltsangabe zu ausführlich war (**Wegstreichmethode**). Anschließend hast du alles unterstrichen, also markiert, was zum Verständnis der Geschichte unverzichtbar war (**Markierungsmethode**). Neu ist für dich die **Ergänzungsmethode**. Dabei notierst du zunächst eine Stichwortgliederung mit den wichtigsten Informationen (s. S. 23). Dann ergänzt du die Stichwörter zu ganzen Sätzen und bist damit nahe an der Inhaltsangabe.

Die Wegstreichmethode

Der Begriff „Wegstreichmethode" sagt dir bereits, was du tun musst: streiche alle ausschmückenden Wörter und Sätze weg, damit nur noch die Informationen übrig bleiben, die zum Verständnis eines Textes nötig sind.

Die Wegstreich- oder Kürzungsmethode

- Sie ist ein Verfahren, um wichtige Informationen aus einem Text herauszufiltern.
- Weggestrichen oder eingeklammert werden alle erzählenden Ausschmückungen. Übrig bleiben alle für den Fortgang der Handlung wichtigen Informationen, z. B. die Hauptpersonen, der Schauplatz, die Vorgänge, Ausgangsfragen oder Konflikte.
- Da oft nur isolierte Stichwörter stehen bleiben, müssen nach dem Wegstreichen neue Sätze gebildet werden.
- Die Wegstreichmethode lässt sich gut bei kurzen Texten anwenden.

Wir üben die Wegstreichmethode an einer Bilderzählung. Eine Bilderzählung ist eine kurze Geschichte, in der erzählt wird, was man auf einem Bild oder einer ganzen Bildgeschichte an Geschehnissen sieht. Sie ist eng mit der Nacherzählung verwandt; sie soll **anschaulich** und **lebendig** erzählen, um Augen und Ohren des Lesers oder Zuhörers anzusprechen. Doch während die Nacherzählung eher ein Erinnerungsaufsatz ist und in der Vergangenheit (im Imperfekt) steht, benutzt man in einer Bilderzählung bei allen Verben die Gegenwart (das Präsens), ähnlich wie bei der Inhaltsangabe. Es fällt dem Zuhörer dann leichter, sich den Bildinhalt vorzustellen.

2 DREI WEGE ZUR INHALTSANGABE
Die Wegstreichmethode

„Wo steckt der Bengel wieder!"

Zwei Personen sieht man auf dem Bild, vermutlich Mutter und Vater; die Mutter sieht etwas jünger aus, während der schnauzbärtige Vater ein
5 Mann von mittleren Jahren ist. Er sitzt bereits auf einem einfachen Hocker am Tisch. Die Frau steht noch neben ihrem Hocker. Sicher hat sie gerade das Essen aufgetragen, denn dampfend steht eine Schüssel mit köst-
10 lichen Knödeln vor ihnen mitten auf dem Tisch. Noch sind sie heiß. Der beleibte Vater, der mit ausgestreckten Beinen dasitzt, greift mit seiner rechten Hand begierig zur Schüssel und zeigt zugleich auf den dritten, noch leeren Hocker auf der anderen Seite des Tisches. „Wo ist denn dieser Lümmel wieder?", fragt er ungeduldig. „Immer müssen
15 wir auf deinen Herrn Sohn warten. So kann das doch nicht weitergehen! – die schönen Knödel werden doch ganz kalt. Wir fangen jetzt an!", donnert er los und haut mit der Hand auf den Tisch. „Wer nicht kommt zur rechten Zeit, der soll seh'n, was übrig bleibt. Erziehe du gefälligst diesen Burschen zu mehr Pünktlichkeit." – „Aber Friedrich",
20 sagt die Mutter erregt, „das kannst du doch nicht machen. Du kannst doch nicht anfangen, bevor nicht alle am Tisch sitzen. Du bist mir ein schönes Vorbild! – Übrigens – wahrscheinlich liest er wieder in dem Karl-May-Schmöker, den ein gewisser Herr Papa diesem Bücherwurm mitgebracht hat. Sieh doch draußen einmal nach!" Mit erhobenem
25 Zeigefinger weist sie dorthin, wo sie den Sohn vermutet, auf den beide ungeduldig warten.

AUFGABE

1 a) Kürze die Bilderzählung zum ersten Bild nach der Wegstreichmethode, indem du alles Ausschmückende wegstreichst. Schreibe die stehen gebliebenen Informationen heraus, z.B. „(...) Vater und Mutter (...) sind am Tisch." Eingeklammert werden Teile der wörtlichen Rede, die zur indirekten Rede umgeformt werden müssten, z.B.: Der Vater fragt zornig, wo der Lümmel wieder steckt.

b) Kürze nun deine Zusammenfassung nochmals um etwa die Hälfte, dann bist du einer Inhaltsangabe schon näher.

Die Markierungsmethode

AUFGABE 2

Der folgende Text setzt die Bilderzählung fort. (Bild 2) Unterstreiche (markiere) nur die für die weitere Handlung wichtigen Wörter und verbinde sie anschließend zu vollständigen Sätzen miteinander.

Der Vater springt ungeduldig auf, weil er nicht länger am gedeckten Tisch warten will. Mit großen Schritten eilt er, schwungvoll die Arme schlenkernd, hinaus. Kaum hat er die Tür mit einer zornigen Armbewegung geöffnet, da sieht er auch schon seinen Sohn auf dem Fußboden liegen. Den Kopf hat er in die Hand gestützt, die Haare sind zerwühlt, und ein Bein zappelt aufgeregt, weil der Junge von der spannenden Lektüre ganz gebannt ist. Er ist so in das Buch vertieft, dass er nicht einmal seinen zornig herbeieilenden Vater bemerkt, der mit erhobenem Haupt gleich eine Strafpredigt auf ihn herabdonnern wird.

MERKE

Die Markierungsmethode

- Sie verfolgt das gleiche Ziel wie die Wegstreichmethode:
  Sie filtert wichtige Informationen aus einem Text.
- Unterstrichen (markiert) werden alle Informationen, die zum Verständnis der gesamten Vorgänge nötig sind, z. B. die Personen, ihr Verhalten und ihre Stimmungen, die Schauplätze, die Ereignisse.
- Da am Schluss oft nur einzelne Wörter markiert (unterstrichen) übrig bleiben, müssen sie zu neuen Sätzen zusammengefügt werden.
- Die Arbeit mit einem farbigen Stift erleichtert die Übersicht und spart Arbeitszeit ein.

2 DREI WEGE ZUR INHALTSANGABE
Die Ergänzungsmethode

Die Ergänzungsmethode

Bei dieser Methode notierst du zuerst Stichwörter zum Inhalt und ergänzt sie danach zu vollständigen Sätzen.

AUFGABE 3

a) Notiere zu jedem Bild der Bildgeschichte auf S. 20 einige Stichwörter mit den wesentlichen Informationen über das Geschehen. Finde jeweils eine passende Überschrift.

> 1. Einer fehlt: Wo bleibt der Bengel?
> – Eltern am Tisch
> – Essen dampft
> – warten auf Sohn
> – Ärger, Ungeduld

> 2. Erfolgreiche Suche oder: Die Leseratte
> – Vater zornig ab
> – findet Sohn lesend
> – ganz gebannt
> – (Vater schimpft)

b) Verbinde nun alle Stichwörter zu vollständigen Sätzen. Ergänze dabei knapp und kurz alles, was zum Verständnis der Bildgeschichte nötig ist.

AUFGABE 4

Formuliere einen Einleitungssatz, der in Kürze sagt, worum es in der Geschichte geht.

Die Ergänzungsmethode

- Sie dient – in ihrer einfachsten Form – dazu, isolierte Stichwörter zu vollständigen Sätzen zu verbinden.
- Manchmal werden weitere Informationen ergänzt, die zwar nicht direkt im Text stehen, die man aber braucht, um den Zusammenhang einer Geschichte zu verstehen, z. B. Begründungen für das Verhalten einer Person: „Der Vater eilt hinaus, weil er zornig ist und nicht länger warten will."
- Gebraucht wird die Methode dort, wo aus Stichwortnotizen zusammenhängende Sätze, Abschnitte und Texte entstehen sollen.

Vom Markieren zum Exzerpieren

Nacherzählung und Inhaltsangabe: ein Vergleich

Eine Nacherzählung (oder die Bilderzählung) ist wesentlich ausführlicher als eine Inhaltsangabe. Während es bei der Nacherzählung auch auf Einzelheiten bei Personen, Gegenständen oder Vorgängen ankommt, beschränkt sich die Inhaltsangabe auf wesentliche Zusammenhänge, die nur ganz kurz wiedergegeben werden, und auf die Hauptpersonen. Eine Nacherzählung soll die Sinne des Lesers oder des Zuhörers möglichst lebendig ansprechen, das Auge, das Ohr, den Geschmack, aber auch den Geruchs- und den Tastsinn, damit er sich alles Erzählte gut vorstellen kann. Die Inhaltsangabe muss nur die wichtigsten Vorgänge verständlich machen, sie darf sich nicht in Einzelheiten verlieren. Beispiel aus einer Nacherzählung: „Der beleibte, schnauzbärtige Vater, der es sich gerade gemütlich gemacht hat, sitzt bereits am Tisch, während die schlanke Mutter noch steht. Sie fragen sich, wo ihr Sohn steckt und warum er nicht pünktlich zum Essen kommt." In einer Inhaltsangabe genügt der Satz: „Die Eltern warten (ungeduldig) auf ihren Sohn." Alles Übrige dient eher der Ausschmückung; es ist zum Verständnis der Geschehensabläufe nicht notwendig. Damit sich ein Leser alles lebendig vorstellen kann, stellt die Nacherzählung alle Vorgänge, Personen und Gegenstände möglichst anschaulich und bildhaft dar, während die Inhaltsangabe nüchtern, kurz und sachlich bleibt. Deshalb ist auch ihre Sprache knapp und sachlich. Die Nacherzählung dagegen schmückt die geschilderten Ereignisse mit wörtlicher Rede aus.

Bei der gebotenen Kürze sind Umgangssprache und wörtliche Rede in einer Inhaltsangabe unangebracht. Ausführlich, lebendig und spannend werden die Personen in ihrem Verhältnis zueinander in einer Nacherzählung dargestellt, z. B. auch durch die wörtliche Rede. In einer Inhaltsangabe dagegen werden die Personen nur sehr kurz durch Adjektive charakterisiert (z. B. „ungeduldig …").

Unterschiedlich werden auch die grammatikalischen Zeiten gebraucht. Die Nacherzählung steht in der Vergangenheit, weil die erzählten Vorgänge bereits abgeschlossen sind, die Inhaltsangabe in der Gegenwart, weil sie die berichtete Geschichte jederzeit wiederholbar macht. (Abweichend von den übrigen Erzählformen wird auch in der Bilderzählung die Gegenwart benutzt, weil man die Bilder gleichsam gegenwärtig vor sich sieht.)

2 DREI WEGE ZUR INHALTSANGABE
Vom Markieren zum Exzerpieren

AUFGABE 5

a) Der Sachtext auf S. 24 fasst die wichtigsten Merkmale beider Schreibweisen kurz zusammen. Markiere (unterstreiche) alle Informationen zur Nacherzählung rot oder mit einer durchgezogenen Linie. Markiere alle Informationen zur Inhaltsangabe blau oder mit einer gestrichelten Linie.

b) Vervollständige dann die Tabelle unten.

Vergleichsmerkmale	Kennzeichen der Nacherzählung	Kennzeichen der Inhaltsangabe
1. Umfang	ausführlicher	kürzer
Wie wird der Erzählinhalt wiedergegeben?	Einzelheiten zu Vorgängen, Personen oder Gegenstände werden erzählend ausgeschmückt.	Gesamtüberblick, keine Einzelheiten, nur wichtige Vorgänge
2. Was wird beim Leser besonders angesprochen?	Die Sinneswahrnehmung (Auge, Ohr usw.)	Das Verständnis der Zusammenhänge, des Gesamtablaufs
3. Worauf kommt es bei der Darstellung besonders an?		
4. Welche sprachlichen Besonderheiten sind zu beachten?		
5. Wie werden die Personen charakterisiert?		
6. Welche grammatikalischen Zeiten sind typisch?		
7. Welche Hauptaufgaben haben die beiden Schreibformen?		

Mit den letzten beiden Übungen hast du Arbeitsverfahren genutzt, die für die Inhaltsangabe wichtig sind; zugleich aber hast du damit eine wichtige Arbeitstechnik geübt: das Exzerpieren. Das fertige Produkt des Exzerpierens nennt man **Exzerpt**.

Das Exzerpt ist ein **Textauszug** oder die **Zusammenfassung eines Sachtextes**. Inhaltsangaben schreibt man über literarische Texte, über Erzählungen, Romane oder Theaterstücke, Filme oder Fernsehsendungen.

AUFGABE 6

Unterstreiche (markiere) die wichtigsten Textstellen, in denen etwas über die Hauptaufgaben der Inhaltsangabe steht. Halte sie zunächst am Rand in Stichworten fest und fasse sie abschließend in einem Satz zusammen.

Im vorausgegangenen Vergleich von **Nacherzählung** und **Inhaltsangabe** wurde die **Hauptaufgabe** beider Schreibformen ausgespart.
5 Deutlich wurde sicherlich in allen bisherigen Beispielen, dass die **Nacherzählung** durch viele Kunstgriffe des spannenden Erzählens, beispielsweise ihre Anschaulich-
10 keit, die wörtliche Rede und die szenische Vergegenwärtigung, Leser und Zuhörer vor allem **unterhalten** soll.

Die viel knappere, kürzere, sachli-
15 chere Inhaltsangabe hingegen hat die Information als Aufgabe.
Sie informiert einerseits Leute, die sich für ein Buch interessieren, in Kürze über dessen Inhalt; sie dient
20 andererseits – wie die Stichwortgliederung – als eigene Gedächtnisstütze.

Hauptaufgaben von Nacherzählung und Inhaltsangabe

2 DREI WEGE ZUR INHALTSANGABE
Vom Markieren zum Exzerpieren

MERKE

Das Exzerpt

- Es fasst den Inhalt eines Sachtextes zusammen. Die Wortbedeutung (von lat. exzerptum): „Herausgehobenes", d. h. Wichtiges.

- Man kann einen kurzen Sachtext als Ganzes exzerpieren. Längere Texte exzerpiert man in der Regel nur unter einem bestimmten Thema, zu dem man Material sammelt. Man geht, wie im vorausgegangenen Beispiel, von einer bestimmten Frage (z. B. nach der Hauptaufgabe) aus.

- Das Exzerpt ist in verschiedenen Formen möglich, z. B.
  a) als wörtliches Zitat ganzer Sätze oder einzelner Wörter,
  b) als kurze Stichwortnotiz in eigenen Worten und
  c) als knappe Zusammenfassung eines Abschnittes in selbst formulierten Sätzen.

- Das Markierungsverfahren ist der erste Schritt beim Exzerpieren, darauf folgen Randnotizen im Buch oder auf einem Zettel. Sie werden schließlich zu Sätzen verbunden.

- Die Hauptaufgabe des Exzerpts ist die Zusammenfassung wichtiger Gedanken und Informationen aus einem Sachtext. Sie dient der Information anderer ebenso wie als eigene Gedächtnisstütze.

Es folgen hier keine weiteren Übungen zum Exzerpieren, weil du in diesem Arbeitsbuch den Umgang mit literarischen Texten und nicht mit Sachtexten trainierst.

Wir trainieren die Inhaltsangabe

Du lernst in diesem Kapitel einige Kunstgriffe, die dir nicht nur die Arbeit mit der **Inhaltsangabe** erleichtern; sie ebnen dir auch den **Zugang zum Interpretieren**, zum Erschließen und Erklären von Texten. Damit du dich ganz auf das Verfahren konzentrieren kannst, greifen wir nochmals auf die kleine Erzählung zur Bildgeschichte von Vater und Sohn zurück.

Zusammenhänge erkennen, Durchblick gewinnen

Bei den nächsten Übungen verbindest du das Markierungsverfahren mit der Wegstreichmethode. Die Fragen im Merkkasten sagen dir, worauf du besonders achten sollst, um die **Gründe für das Verhalten der Personen** zu erkennen:

Beobachtungshilfen für die Inhaltsangabe

- Welche Tatsachen verrät der Text?
  a) Welche Personen treten auf? (z. B. der Vater)
  b) Was tun sie? (z. B. er eilt)
  c) Welche Gegenstände sind wichtig? (z. B. das kalte Essen)
- Welche Gefühle oder Stimmungen der Personen sind wichtig? Woran erkennt man solche Stimmungen? (z. B. an dem Erzählerhinweis im Adjektiv „ungeduldig" oder an Bewegungen: „springt auf")
- Welche Begründungswörter werden in der Erzählung benutzt? (z. B. weil, obwohl, deshalb usw.)

AUFGABE

1 Das folgende Beispiel (die Fortsetzung der Bilderzählung von S. 21/22) markiert die wichtigsten Informationen für eine Inhaltsangabe und zeigt dir, wie du die Fragen aus dem Merkkasten als Beobachtungshilfen anwenden kannst. Unwichtiges wird weggestrichen. Schreibe einen zusammenfassenden Satz.

3 WIR TRAINIEREN DIE INHALTSANGABE
Zusammenhänge erkennen, Durchblick gewinnen

Ausgangstext	Beobachtungshilfen	Inhaltsangabe
[Der Vater] ~~springt~~ auf ~~und~~ [eilt] ungeduldig mit ~~großen Schritten schwungvoll~~ hinaus. Er [sucht] zornig seinen ~~säumigen~~ [Sohn], (weil) er nicht länger (mit dem Essen) warten will.	sichtbare Tatsachen ☐ Stimmungen, Gefühle ~~ Begründungswörter ○	?

AUFGABE

2 Bearbeite nun die folgenden Zeilen in der gleichen Weise. Markiere die sichtbaren Tatsachen ☐, die Stimmungen der Personen ~ und die Begründungswörter ○. Streiche weg, was überflüssig ist und fasse dein Ergebnis möglichst kurz zusammen.

~~Kaum hat er die Tür mit einer zornigen Armbewegung geöffnet, da sieht er schon~~ seinen Sohn auf dem Fußboden liegen. Den Kopf hat er in die Hand gestützt, die Haare sind zerwühlt, und ein Bein zappelt aufgeregt, weil der Junge von der spannenden Lektüre ganz gebannt ist. Er ist so in sein Buch vertieft, dass er nicht einmal seinen Vater bemerkt, der mit zornig erhobenem Haupt naht.	sichtbare Tatsachen ☐ Stimmungen, Gefühle ~~ Begründungswörter ○	?

Du hast gemerkt, dass du nicht immer einfach den Wortlaut des Textes übernehmen kannst, sondern manchmal auch eigene Worte suchen musst, ohne den Sinn zu verändern, damit deine Inhaltsangabe möglichst kurz wird.

AUFGABE 3

Löse die folgende Aufgabe in der gleichen Weise wie die beiden vorausgegangenen: Markiere alle wichtigen Tatsachen mit den drei Zeichen (□ ~ ○); streiche danach alles Ausschmückende weg und fasse die wichtigsten Informationen zu einer kurzen Inhaltsangabe zusammen.

Ausgangstext	Kürzungshilfen	Inhaltsangabe
Inzwischen sitzen Mutter und Sohn allein am Tisch. Brav legt der Junge seine Hände auf die Tischkante und sieht erwartungsvoll zur Mutter hinauf, doch ungeduldig zappeln seine Beine unter dem Tisch, weil er immer noch auf das Essen warten muss, obwohl es inzwischen kalt geworden ist, denn die Schüssel dampft nicht mehr. Sie steht vor Vaters leerem Platz. Da packt auch die Mutter der Zorn: „Wo bleibt denn dein Vater bloß wieder? Erst kann er das Essen nicht schnell genug bekommen, und jetzt lässt er es kalt werden, und wir alle müssen auf ihn warten. Ein feines Vorbild! Geh' rasch und hole ihn", herrscht sie den Buben energisch an, indem sie den Arm zornig zur Tür streckt.		

WIR TRAINIEREN DIE INHALTSANGABE
Was leistet eine treffende Überschrift?

Was leistet eine treffende Überschrift?

Nicht immer sagt ein Titel genug über den Inhalt oder die Problematik einer Geschichte aus. Unsere Bildgeschichte „Der Schmöker" ist ein Beispiel dafür. Deshalb wirst du im Unterricht oft aufgefordert, selbst eine treffende Überschrift zu finden. Versuche es nun selbst einmal. Bedenke aber dabei, dass man eine gute Überschrift oft erst findet, wenn man eine Geschichte richtig verstanden hat, wenn man z. B. schon eine Inhaltsangabe dazu geschrieben hat. Die Pointe unserer Bildergeschichte besteht ja gerade darin, dass der Vater den Rest der Familie genau so rücksichtslos warten lässt wie vorher der Sohn, obwohl er sich über das unhöfliche Verhalten des Sohnes geärgert hat. Merke deshalb: Treffende Überschrift – Problem erkannt.

AUFGABE

a) Notiere in eigenen Worten mehrere Überschriften zu der Bildgeschichte von „Vater und Sohn", die den Sinn der Geschichte – nach deiner Meinung – andeuten. Es können Stichworte oder ganze Sätze sein.

b) Suche jetzt treffende Redensarten oder Sprichwörter, die zeigen, dass die Geschichte – über die engere Handlung hinaus – eine allgemeinere Aussage haben kann.

Was leistet eine treffende Überschrift?

- Sie verweist auf den Inhalt, darf dabei aber nicht zu viel verraten, wenn sie Interesse wecken will, z. B. „Mittagessen mit Hindernissen".
- Sie deutet ein Problem an, z. B. die Unpünktlichkeit des Sohnes oder seine und des Vaters Lesewut.
- Dabei kann das Problem in eigenen Worten, mit einer Redensart oder einem Sprichwort benannt werden, z. B. „Wer im Glashaus sitzt, sollte nicht mit Steinen werfen".
- Eine Überschrift, ob vorgegeben oder selbst formuliert, kann das Verständnis erleichtern; sie dient aber auch der Verständniskontrolle. Wenig Problemverständnis zeigen Überschriften wie: „Die Knödelsuppe" oder „Der Junge ist draußen".

Die Einleitung: Kurzinformation für einen Adressaten

Stelle dir vor, du willst die Bildgeschichte von S. 20 einem Mitschüler erzählen, der sie nicht kennt. Wenn du gleich damit beginnst, einzelne Bilder zu beschreiben, wird dein Gesprächspartner den Zusammenhang kaum verstehen. Also: nicht mit der Tür ins Haus fallen! Du musst ihm zuerst einmal sagen, und zwar kurz und ohne Einzelheiten, worum es überhaupt geht. Ein Beispiel:
„Diese Bildgeschichte von O. E. Plauen handelt von einer dreiköpfigen Familie, bei der das gemeinsame Mittagessen mit einigen Hindernissen verbunden ist."
Ein Einleitungssatz dieser Art kann einem Zuhörer das Verständnis sehr erleichtern, indem er einen ersten Überblick gibt.
Die Einleitung hat eine ähnliche Aufgabe wie die Überschrift.
Die ersten Hürden zu folgenden Aufgaben hast du bereits genommen, als du den Inhalt jedes einzelnen Bildes zusammengefasst hast.

AUFGABE 5

a) Schreibe einen eigenen Einleitungssatz zur Bildgeschichte.

b) Welche Fragen eines neugierigen Zuhörers oder Lesers beantwortet eine solche Einleitung? Notiere mindestens vier W-Fragen.

Worüber informiert die Einleitung?

- Die Einleitung informiert über Verfasser, Textsorte und Titel der Geschichte oder über den Namen des Zeichners, Filmregisseurs usw.
- Sie informiert grob über das, was geschieht (WAS?).
- Sie nennt die Hauptpersonen (WER?), den Schauplatz (WO?) oder die Zeit, in der sich die Ereignisse abspielen (WANN?).
- Einzelheiten über die Ereignisse gehören nicht in die Einleitung. Über das WIE? und das WARUM? berichtet erst der Hauptteil.

3 WIR TRAINIEREN DIE INHALTSANGABE
Auf die Reihenfolge kommt es an

Auf die Reihenfolge kommt es an

Stimmt bei einer Inhaltsangabe die Reihenfolge nicht, so wird der Zusammenhang unklar und der Sinn der Geschichte wird verändert, oft sogar entstellt. Dass dabei auch der „Witz", der Kern der Aussage, verloren gehen kann, zeigen dir die folgenden Übungen.

AUFGABE 6

Bringe die Bilder dieser Bildgeschichte in die richtige Reihenfolge.

Vorgetäuschte Kraft

AUFGABE 7

Ein Schüler hat die Bildfolge zu einer Inhaltsangabe zusammengefasst. Schreibe hinter jeden Satz die Bildziffer, auf die sich der Satz bezieht. Stimmt die Reihenfolge mit dem Sinn der Geschichte überein?

> Ein großer Mann rast wütend hinter dem Sohn her, der ängstlich zu seinem Vater davonläuft ( ). Der Vater sieht das ( ), und da läuft er ins Haus zurück ( ) und gräbt mit dem Spaten einen Baum aus ( ) und hält sich an dem Baum fest, als sich der Sohn hinter ihm versteckt

und der Mann den Vater tätlich bedroht ( ). Und da hebt der Vater den ausgegrabenen Baum hoch, und der Mann läuft davon ( ) und kommt gleich wieder zurück, und nun stehen sich beide Männer drohend gegenüber. Das kommt davon, wenn man Gewalt gebrauchen will ( ).

AUFGABE 8

a) Unterstreiche (markiere) alle Stellen im folgenden Text, die wesentliche Informationen für eine Inhaltsangabe enthalten.

b) Schreibe anschließend zu dieser Gaunergeschichte eine Stichwortgliederung. Achte auf die Erzählreihenfolge.

Der Pfarrer von Bruchsal
von Otto Jägersberg

Ein Einbrecher, grad aus dem Gefängnis entlassen, stieg durch ein offenes Fenster beim Pfarrer von Bruchsal ein und raubte ein Scheckheft und eine Bibel. Als er die Kleidung des Pfarrers auf dem Bett ausgebreitet liegen sah, probierte er sie. Alles passte – auch das Scheckheft in
5 die Innen- und die Bibel in die Außentasche.
Wohin er auch kam, machte er nun den Pfarrer von Bruchsal. Aber vorsichtig. So versuchte er gleich gar nicht, mit den Schecks dahin zu gehen, wo man sie erfunden hat. Einer Bank ist auch der falscheste Pfarrer nicht gewachsen, sagte sich der neue Pfarrer von Bruchsal und
10 suchte Einrichtungen auf, die mit den Heiligen mehr im Sinn haben.
Bitte lassen Sie doch durch Ihren Lehrling 150 nichtrauchende Kerzen in der Gnadenkapelle aufstellen, sagte er zum Beispiel dem Drogisten in Lautenbach. Haushaltskerzen oder handgezogene?
Ich wallfahre nicht ins Renchtal für Haushaltskerzen, sagte der Pfarrer
15 von Bruchsal und wählte wie ein Kenner.
Aber die kosten zwei Mark das Stück.
Nun gut, die Heilige Jungfrau hat es verdient, wer will da kleinlich sein, einen Kugelschreiber bitte. Und während der Drogist die Kerzen zählte, schrieb der Pfarrer von Bruchsal einen Scheck aus, über 500
20 Mark.
150 mal zwei Mark macht nur 300, sagte der Drogist.
Ach Gott, sagte der Pfarrer, so so, dann geben Sie mir noch Rheila-Perlen, zwei Döschen bitte, das Predigen kratzt im Hals, und den Rest

WIR TRAINIEREN DIE INHALTSANGABE
Auf die Reihenfolge kommt es an

geben Sie mir eben bar, dann brauch ich nicht extra zur Bank, Gott gab uns zwar die Zahlen, vom Rechnen hat er nichts gesagt.

So kam ein ungewöhnlicher Glanz in die Wallfahrtskirche Mariä Krönung, und der Pfarrer von Bruchsal hatte mit fast 200 Mark einen guten Tag.

Im Hotel machte er es so: Ich bin der Pfarrer von Bruchsal, potz Blitz, ich hab mein Gepäck im Zug stehen lassen, Gott sei Dank stecken meine Schecks in der Jackentasche, ein Zimmer mit Bad bitte, ich zahle mal gleich, bevor ich auch das vergesse, ich bleibe die ganze Woche, wir bereiten den Landeskirchentag vor, eine Zahnbürste muss ich mir gleich kaufen gehn, einen Schlafanzug, ein Hemd, verflixt – diese heidnische Vergesslichkeit… Und während der Hotelangestellte die Rechnung machte, hatte der Pfarrer von Bruchsal seinen Scheck geschrieben, nie zu unverschämt über den Rechnungsbetrag, sodass die Restsumme ohne zu zögern ausgezahlt wurde. Doch wusste der Pfarrer von Bruchsal auch Trinkgelder zu geben.

Er blieb eine Nacht und manchmal noch einen Tag, dann zog er weiter, kaufte Bibeln, Gesangbücher, Kerzen, ließ Früchte und Kuchen in Altersheime liefern, Spielsachen in Kindergärten und sorgte für Überraschungen im ganzen Land. Bis ihn in Memprechtshofen der Teufel packte. Pussy Cat hieß das Lokal. Er trank die ganze Nacht mit den Barmädchen, aber es kamen auch nicht mehr als 3000 Mark auf die Rechnung. Der Pfarrer von Bruchsal schrieb einen Scheck über 5000. Einfach so. Aus Schreibfreude. Und natürlich um den Mädchen eine Freude zu machen. Der Geschäftsführer dieser ordentlichen Wirtschaft aber wollte immer alles genau wissen und blätterte im Telefonbuch unter Bruchsal und war so unchristlich beim Pfarrer anzurufen, morgens sechs Uhr.

Die richtige Reihenfolge beachten

- Die Markierungsmethode ist ein erster Schritt zur Textgliederung. Sie hilft dir herauszufinden, ob eine Geschichte in der zeitlichen Reihenfolge erzählt wird.
- Behältst du die richtige zeitliche Reihenfolge im Auge, dann verstehst du eher, warum die erzählten Ereignisse so und nicht anders ablaufen.
- Das zeitliche Nacheinander erklärt oft den Zusammenhang von Grund und Folge. Prüfe deshalb immer: Was kommt zuerst, was zuletzt, was liegt dazwischen?

Den Sinn einer Geschichte erkennt man meist erst, wenn man die Ereignisse im Zusammenhang einer richtigen Reihenfolge sieht. Das gilt auch für die Inhaltsangabe. Nicht immer gelingt es, den Sinnzusammenhang und die richtige Reihenfolge sprachlich angemessen zu formulieren. Ein typisches Beispiel:

> Vater und Mutter sitzen am Tisch und der Junge fehlt. Da geht der Vater hinaus und findet den Jungen. Und dann geht der Junge hinein, und der Vater bleibt draußen und der Bub und die Mutter warten auf ihn. Und da wird es der Mutter zu bunt, und sie schickt den Jungen hinaus, und da findet er den Vater selbst lesend.

AUFGABE 9

a) Unterstreiche die ungeschickten Satzverbindungen im Text oben.

b) Schreibe das Fehlerbeispiel nun um. Benutze dazu andere Satzverbindungen (z. B. Konjunktionen wie ‚doch', ‚obwohl', ‚aber', ‚nachdem' usw. oder Adverbien wie ‚während', ‚bald', ‚später' usw.)

Beispiel: Vater und Mutter sitzen am Tisch, **weil** sie essen wollen, **doch** der Sohn fehlt. **Deshalb** ...

AUFGABE 10

a) Du hast eine Stichwortgliederung der Gaunergeschichte über den Pfarrer von Bruchsal notiert. Schreibe nun danach eine Inhaltsangabe.

b) Schreibe zu deiner Inhaltsangabe eine kurze Einleitung, die darüber informiert, worauf es bei dieser lustigen Gaunergeschichte ankommt.

MERKE

Zeitadverbien und Konjunktionen benutzen

- Sie sind wichtige Signale, die zum raschen Verständnis der Zusammenhänge beitragen.
- Schreibe deshalb nicht nur „und dann ... und dann".
- Nutze verschiedene Bindewörter und andere Arten der Satzverbindung (z. B. Zeitadverbien), wie z. B. früher, später, bald danach, als, darauf, nachdem, weil, dann, während, obwohl.

3 WIR TRAINIEREN DIE INHALTSANGABE
Erzählerkommentar in der Inhaltsangabe wiedergeben

Erzählerkommentar in der Inhaltsangabe wiedergeben

In vielen Geschichten, Erzählungen oder Schwänken, mit denen wir uns hier beschäftigen, werden vor allem konkrete Ereignisse erzählt, meist in der Reihenfolge des tatsächlichen Zeitablaufs. Bei einer Inhaltsangabe braucht man sich dann nur an die richtige Reihenfolge zu halten. Schwieriger wird es, wenn Erzählerkommentare (d. h. Gedanken, Meinungsäußerungen des Autors) den Text einleiten oder abschließen oder wenn sie in die Geschichte an verschiedenen Stellen eingefügt sind, um dem Leser den Sinn der Erzählung aus der Sicht des Autors zu erklären. Wo bringt man solche Kommentare in einer Inhaltsangabe unter?

Zunächst ein Hinweis zu deiner Arbeitstechnik: Du kannst Zeit sparen, wenn du die Übungen auf S. 39 auf verschiedenen Zetteln notierst. Du brauchst sie am Schluss nur in der richtigen Reihenfolge zusammenzufügen. Doch lies dir vor Beginn der Arbeit den Merkkasten durch, dann verstehst du die Zusammenhänge leichter.

MERKE

Erzählerkommentar in Inhaltsangaben wiedergeben

- Begebenheiten, von denen in literarischen Texten erzählt wird, kann man sich oft konkret vorstellen. Sie prägen sich meist besser ein als Erzählerkommentare. Deshalb ist es hilfreich, sich für eine Inhaltsangabe (oder eine Interpretation) zuerst die konkreten Vorgänge zu notieren.

- Was ist ein Erzählerkommentar? Es ist eine persönliche Stellungnahme, die Meinungsäußerung eines Erzählers zu einer Person, einem Ereignis oder einem Gedankengang in seiner Geschichte. Ein Beispiel aus Hebels Kalendergeschichte: „Man klagt häufig darüber, wie schwer (...) es sei, mit manchen Menschen auszukommen." Oder der Schlussabschnitt: „Diesmal die Suppe hinabgeworfen; und nimmer!"

- Die Kommentare des Erzählers oder Autors sind oft wichtig, wenn man den Inhalt richtig verstehen will. Deshalb werden sie auch – kurz zusammengefasst – in einer Inhaltsangabe erwähnt.

Das Mittagessen im Hof
von Johann Peter Hebel

a) Man klagt häufig darüber, wie schwer und unmöglich es sei, mit manchen Menschen auszukommen. Das mag denn freilich auch wahr sein. Indessen sind viele von solchen Menschen nicht schlimm, sondern nur wunderlich, und wenn man sie immer nur recht kennete, inwendig und auswendig, und recht mit ihnen umzugehen wüsste, nie zu eigensinnig und nie zu nachgiebig, so wäre mancher wohl und leicht zur Besinnung zu bringen. Das ist doch einem Bedienten mit seinem Herrn gelungen. Dem konnte er manchmal gar nichts recht machen und musste vieles entgelten, woran er unschuldig war, wie es oft geht.

b) So kam einmal der Herr sehr verdrießlich nach Hause und setzte sich zum Mittagessen. Da war die Suppe zu heiß oder zu kalt oder keines von beiden; aber genug, der Herr war verdrießlich. Er fasste daher die Schüssel mit dem, was drinnen war und warf sie durch das offene Fenster in den Hof hinab. Was tat hierauf der Diener? Kurz besonnen warf er das Fleisch, welches er eben auf den Tisch stellen wollte, mir nichts, dir nichts der Suppe nach auch in den Hof hinab, dann das Brot, dann den Wein und endlich das Tischtuch mit allem, was noch darauf war.

c) „Verwegener, was soll das sein?", fragte der Herr und fuhr mit drohendem Zorn von dem Sessel auf. Aber der Bediente erwiderte ganz kalt und ruhig: „Verzeihen Sie mir, wenn ich Ihre Meinung nicht erraten habe. Ich glaubte nicht anders, als Sie wollten heute in dem Hofe speisen. Die Luft ist so heiter, der Himmel so blau, und sehen Sie nur, wie lieblich der Apfelbaum blüht und wie fröhlich die Bienen ihren Mittag halten!"

d) Diesmal die Suppe hinabgeworfen; und nimmer! Der Herr erkannte seinen Fehler, heiterte sich im Anblick des schönen Frühlingshimmels auf, lächelte heimlich über den schnellen Einfall seines Aufwärters und dankte ihm im Herzen für die gute Lehre.

3 WIR TRAINIEREN DIE INHALTSANGABE
Was fängt man mit der wörtlichen Rede an?

AUFGABE 11

a) Die Geschichte von J. P. Hebel „Das Mittagessen im Hof" ist in vier Abschnitte gegliedert (a–d). Fasse zunächst den Inhalt der Abschnitte b und c – hier werden konkrete Vorgänge erzählt – in wenigen Sätzen zusammen.

b) In den Abschnitten a und d findest du Gedanken, Meinungen, Kommentare des Erzählers. Fasse sie zuerst in Stichworten zusammen und schreibe sie dann in wenigen Sätzen auf ein zweites Blatt.

c) Ordne jetzt die vier Abschnitte auf deinen Zetteln in der richtigen Reihenfolge nacheinander an (a–d) und verbinde sie mit wenigen Worten, damit der Zusammenhang klar wird.

Das Beispiel zeigt dir, dass du manchmal nicht gleich mit der Inhaltsangabe der Handlung beginnen kannst, sondern erst zur Einführung die Gedanken des Autors vorstellen musst. Sie geben den Grund dafür an, warum er die Geschichte überhaupt erzählt. Wenn du am Schluss auch noch Hebels Hinweis erwähnst, dass der Herr seinen Fehler erkannt und vom Diener gelernt habe, dann findet auch deine Inhaltsangabe einen festen Rahmen.

Was fängt man mit der wörtlichen Rede an?

J. P. Hebels Anekdote vom Mittagessen im Hof enthält noch eine weitere Schwierigkeit, die wörtliche Rede. Sie wird bei einer Inhaltsangabe nicht übernommen, sondern entweder kurz zusammengefasst oder in der indirekten Rede, also im Konjunktiv, wiedergegeben.

Drei Möglichkeiten, mit der wörtlichen Rede umzugehen

- Sie kann wegfallen, wenn sie für das Verständnis der in einer Inhaltsangabe zusammengefassten Ereignisse unwichtig ist.
- Ist die direkte Rede zum Verständnis nötig, kann sie – z. B. mit der Wegstreichmethode – gekürzt berichtend (also nicht als wörtliche Rede) zusammengefasst werden.
- Ist sie, z. B. bei einem Witz oder einer Pointe, zum Gesamtverständnis unverzichtbar, so wird sie – als indirekte Rede – in den Konjunktiv übertragen.

Textbeispiele	Übertragung für eine Inhaltsangabe	Arbeitsverfahren
„Na, das ging ja noch mal gut", sagte der Vater (…).		Streichung
„Verwegener, was soll das sein?", fragte der Herr (…).	Der Herr wird zornig. →	Zusammenfassung
Aber der Bediente erwiderte ganz kalt und ruhig: „Verzeihen Sie mir, wenn ich Ihre Meinung nicht erraten habe.	Sein Diener bittet um Verzeihung. →	Zusammenfassung
Ich glaubte nicht anders, als Sie wollten in dem Hofe speisen."	Er habe geglaubt, sein Herr habe im Hofe speisen wollen.	Übertragung in die direkte → Rede (Konjunktiv) und Kürzung

AUFGABE

12 Die folgende Kalendergeschichte enthält viel direkte Rede. Fasse sie in einer kurzen Inhaltsangabe zusammen und prüfe dabei, was du weglassen, was du kürzen und was du im Konjunktiv in indirekter Rede übernehmen solltest.

Gutes Wort, böse Tat von Johann Peter Hebel

In Hertingen, als das Dorf noch rottbergisch war, trifft ein Bauer den Herrn Schulmeister im Felde an. „Ist's noch Euer Ernst, Schulmeister, was Ihr gestern den Kindern zergliedert habt: So dich jemand schlägt auf deinen rechten Backen, dem biete den andern auch dar?" Der Herr
5 Schulmeister sagt: „Ich kann nichts davon und nichts dazu tun. Es steht im Evangelium." Also gab ihm der Bauer eine Ohrfeige und die andere auch, denn er hatte schon lang einen Verdruss auf ihn. Indem reitet in einer Entfernung der Edelmann vorbei und sein Jäger. „Schau doch nach, Joseph, was die zwei dort miteinander haben." Als der
10 Joseph kommt, gibt der Schulmeister, der ein starker Mann war, dem Bauer auch zwei Ohrfeigen und sagte: „Es steht auch geschrieben: Mit welcherlei Maß ihr messet, wird auch wieder gemessen werden. Ein voll gerüttelt und überflüssig Maß wird man in euern Schoß geben", und zu dem letzten Sprüchlein gab er ihm noch ein halbes Dutzend
15 drein. Da kam der Joseph zu seinem Herrn zurück und sagte: „Es hat

WIR TRAINIEREN DIE INHALTSANGABE
Die Dreischritt-Methode

nichts zu bedeuten, gnädiger Herr; sie legen einander nur die Heilige Schrift aus."
Merke: Man muss die Heilige Schrift nicht auslegen, wenn man's nicht versteht, am allerwenigsten so. Denn der Edelmann ließ den Bauern noch selbige Nacht in den Turm sperren auf sechs Tage, und dem Herrn Schulmeister, der mehr Verstand und Respekt vor der Bibel hätte haben sollen, gab er, als die Winterschule ein Ende hatte, den Abschied.

Die Dreischritt-Methode

Wird eine Geschichte der Reihe nach erzählt, wie z. B. der Schwank vom Pfarrer von Bruchsal, so liegt die zeitliche Abfolge für eine Inhaltsangabe bereits fest. Schwieriger wird es jedoch, wenn eine Geschichte nicht in der zeitlichen Reihenfolge erzählt wird, wie das auch in modernen Filmen oft vorkommt. Dann muss man diese Reihenfolge zunächst einmal erschließen. Dabei kann dir die Dreischritt-Methode weiterhelfen, indem du
– neugierige Fragen stellst und erste Antworten suchst (**1. Schritt**),
– die gewonnenen Informationen in Stichworten notierst (**2. Schritt**)
– und sie dann in einer kurzen Inhaltsangabe zusammenfasst (**3. Schritt**).

Die Dreischritt-Methode in Stichworten

1. Neugierige Fragen und erste Antworten
   a) Textlektüre
   b) W-Fragen stellen
   c) Antworten im Text markieren

2. Sammeln und Ordnen der Informationen
   a) Stichwortzettel anlegen
   b) Informationen sammeln (Wer? Wo? Was?)
   c) Stichwortnotizen ordnen und beziffern

3. Die Inhaltsangabe wird geschrieben
   a) Prüfung und Ergänzung der Notizen
   b) Stichwortnotizen werden zu Sätzen
   c) Konjunktionen verdeutlichen Zusammenhänge

Sabine kletterte über scharfkantige Felsblöcke zum Strand hinunter. Plötzlich glitt sie aus und rutschte ein Stück abwärts. Lose Steine polterten mit herab. Einen Augenblick lang war sie wie betäubt vom Schreck, aber dann merkte sie, dass ihr nichts Ernsthaftes geschehen war.

Wie ärgerlich! Den ganzen Vormittag war sie nun auf der Insel umhergestreift. Nirgends hatte sie einen Sandstrand zum Baden gefunden; überall lagen Felsblöcke und Steine. Sie war erhitzt und müde. Die Glieder schmerzten ihr von dem Fall, und ein Riemen ihrer Sandale war gerissen. Es würde nicht angenehm sein, wenn sie auf den glühend heißen Steinen barfuß nach Hause laufen musste. Vergeblich versuchte sie den Riemen zusammenzuknüpfen.

„Nimm diese Schnur", sagte jemand dicht neben ihr auf Griechisch. Sie schrak zusammen. Weil die Sonne auf dem goldgrünen Meer und den weißen Steinen blendete, hatte sie nicht bemerkt, dass im Schatten der Felswand ein Junge saß. Er war wohl ebenso alt wie Sabine, und er sah seltsam aus. Im Gegensatz zu den meist dunkelhäutigen, schwarzhaarigen Griechen war seine Haut hell. Haar, Augenbrauen und Wimpern sahen fast weiß aus, und die Pupillen der hellen Augen hatten einen roten Schimmer. Sein Gesicht war nett und freundlich.

„Komm her, dann mache ich dir deinen Schuh", sagte er und setzte hinzu: „Ich möchte nicht zu dir kommen, ich bin nämlich ein Albino, und Albinos vertragen die Sonne nicht gut." Sabine wusste nicht, was ein Albino ist; der Junge schien sehr stolz darauf zu sein. Sie reichte ihm die Sandale. Geschickt flocht er einen kleinen Zopf aus der Schnur und befestigte ihn an Stelle des fehlenden Riemens.

„Ich heiße Jannis", erzählte er dabei. „Mein Vater ist Demetrius, der Schwammtaucher: aber er kann nicht mehr tauchen, weil er zu alt ist und krumm vor Gliederschmerzen. Jetzt rudert er mich mit dem Boot hinaus, und ich tauche. Ich bin ein guter Taucher, das sagen alle." Er musterte Sabine, als er ihr die Sandale zurückgab. „Und wie heißt du? Wo kommst du her, wie heißt dein Vater, und was arbeitet er?"

Sabine wusste schon aus Erfahrung, dass sich die Griechen immer gleich nach den Lebensumständen eines Fremden erkundigen. „Ich heiße Sabine", antwortete sie, „und komme aus Deutschland. Aber jetzt lebe ich schon drei Jahre in Athen, weil mein Vater dort am Museum arbeitet. Ich gehe dort in die deutsche Schule."

„Aber du kannst griechisch sprechen!", sagte der Junge. Sabine nickte. „Ich habe es von Anna, unserem Hausmädchen, in Athen gelernt."

„Und warum bist du jetzt auf der Insel?"

Sabine seufzte. „Mutter war im Frühjahr sehr krank, und weil sie die Hitze in Athen nicht verträgt, hat Vater uns hierher gebracht."

3 WIR TRAINIEREN DIE INHALTSANGABE
Die Dreischritt-Methode

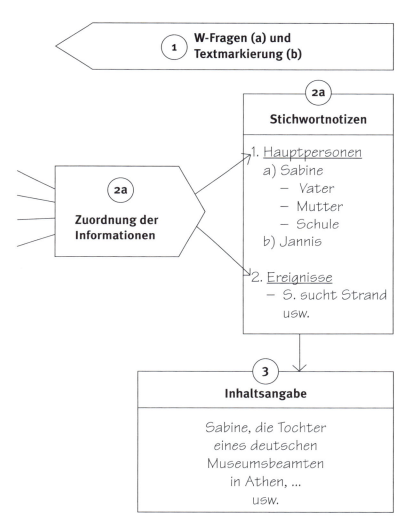

AUFGABE

13 a) Wende die Dreischritt-Methode auf den Textauszug S. 42 an:
Erster Schritt: Lies den Textausschnitt, stelle die üblichen W-Fragen (Wer? Was? Wann? Wo? usw.) und markiere im Text die Informationen, die dir darauf eine Antwort geben.

b) Zweiter Schritt: Lege einen Stichwortzettel neben den Text, schreibe (möglichst schon geordnet) die wichtigsten Informationen heraus (z. B. zu den Personen und dem, was sie tun, zum Schauplatz usw.), und ordne sie so, dass du jemanden informieren könntest.

c) Fasse deine Stichwortnotizen zu einer kleinen Inhaltsangabe zusammen.

AUFGABE 14

a) Streiche in der folgenden Inhaltsangabe alles was überflüssig ist.
   Stelle W-Fragen und markiere die wichtigsten Informationen.

b) Stelle die nummerierten Sätze in eine für die Inhaltsangabe richtige Reihenfolge, indem du die Ziffern änderst.

c) Schreibe eine verbesserte Neufassung.

d) Worin liegt der Hauptfehler dieses Schülerbeispiels?
   Welche Merkmale der Inhaltsangabe wurden – trotz einiger Fehler – richtig genutzt?

---

(1) Sabine rutscht auf den scharfkantigen Felsen aus, als sie zum Strand hinabgeht. (2) Sie ist den ganzen Vormittag unterwegs, um einen Sandstrand zum Baden zu suchen, leider erfolglos. (3) Sie ist erschöpft, ein Riemen ihrer Sandale ist bei der Kletterei gerissen. (4) Im Schatten einer Felswand trifft sie Jannis. (5) Er hilft ihr, die Sandale zu reparieren. (6) Sein Gesicht ist nett und freundlich. (7) Er stellt sich vor und sagt: „Mein Vater ist Demetrius, der Schwammtaucher." (8) „Ich bin auch ein guter Taucher." (9) Auch Sabine berichtet, wie das in Griechenland üblich ist, von ihren Lebensumständen. (10) Ihr Vater arbeitet in einem Museum in Athen. (11) Weil ihre Mutter die Hitze in Athen nicht verträgt, sind sie zur Erholung auf der Insel.

Was hast du in diesem Kapitel gelernt?

In diesem Kapitel hast du die Inhaltsangabe trainiert und zugleich erste Einblicke in die Texterschließung, die Interpretation, gewonnen.
Du hast zwei Fliegen mit einer Klappe geschlagen: eine Schreibform gelernt und zugleich Fragen ausprobiert, mit denen du Texte erschließen kannst.
Interpretieren heißt „erklären", „auslegen", „deuten". Wann brauchst du eine Interpretation? Manchmal erkennt man auf Anhieb den Sinn einer Geschichte, oft aber muss man sich den Text sehr genau ansehen, um herauszufinden, was der Autor seinen Lesern damit sagen wollte.

3 WIR TRAINIEREN DIE INHALTSANGABE
Was hast du in diesem Kapitel gelernt?

1. Beobachtungshilfen: genauer lesen, schärfer sehen!
Beachte
- Die Tatsachen (Gegenstände, Personen und ihr Verhalten)
- Die Stimmungen der Personen
- Die Gründe für ihr Verhalten

2. Die Aufgabe der Überschrift
- Hinweise zur äußeren Handlung
- Problem erkannt, Problem benannt
- Sprichwörter und Redensarten treffen oft ins Schwarze
- Eigene Überschrift als Verständniskontrolle
- Lesen – denken – Titel finden

3. Die Einleitung: Information im Überblick
- Daten: Verfasser, Textsorte, Titel
- Kurzinformation des Lesers durch W-Fragen (Was? Wer? Wo? Wann?)
- Merke: Was (im Einzelnen)? Wie? Warum? wird erst im Hauptteil gefragt

4. Die richtige Reihenfolge beachten
- Prüfe den Zusammenhang von Grund und Folge
- Das zeitliche Nacheinander der Vorgänge beachten!
- Verwende Zeitadverbien und Bindewörter (Konjunktionen). Sie sind wichtige Signale für das Verständnis der Zusammenhänge.
- Vermeide Satzverbindungen mit „und dann ... und dann ...".

5. Der Erzählerkommentar in der Inhaltsangabe
- Wo stehen Erzählerkommentare? Was sagen sie aus?
- Halte zuerst den Ablauf des Inhalts fest, dann erst kannst du am Schluss auf die Erzählerkommentare eingehen.

6. Drei Möglichkeiten, mit der wörtlichen Rede umzugehen:
- Streichung
- Zusammenfassung (im Präsens)
- Gekürzte Übertragung in die indirekte Rede (im Konjunktiv)

7. Die Dreischritt-Methode: Texterschließung für eine Inhaltsangabe
- Neugierige Fragen und erste Antworten
- Sammeln und Ordnen der Informationen
- Inhaltsangabe schreiben

In der folgenden Übersicht findest du einige Zugangsfragen, die wichtig sind, wenn du eine Inhaltsangabe schreiben willst, die du aber auch anwenden kannst, wenn du die Machart und die Aussage eines Textes verstehen und durchschauen willst.

Merkmale, die man bei einem Erzähltext untersuchen kann	Fragen und Beobachtungshilfen für Inhaltsangabe und Texterschließung	Trainingsbereiche der Inhaltsangabe in Stichworten
1. Titel, Überschrift	Worüber informiert die Überschrift? – über den Textinhalt? – über die Thematik oder ein Problem? – über eine Lehre, Textaussage?	– Welches Verhältnis besteht zwischen Titel und Inhalt? – Welche anderen Titel sind denkbar?
2. Daten zum Text, z. B.: – der Autor? – Textsorte, Gattung? – Entstehungszeit?	– Wer schrieb den Text? – Ist es eine Fabel, Anekdote oder Kurzgeschichte (usw.)? – Wann entstand der Text?	Einleitungssatz zu den Daten (Autor, Gattung usw.)
3. Erzähleinleitung	Neugierige W-Fragen, z. B.: – Worum geht es in dem Text? – Welche Personen treten auf? – Wo spielt die Geschichte?	Überblickshinweise zu den ersten W-Fragen: Wer? Was? Wann? Wo? (Warum?)
4. Bestandsaufnahme zum Hauptteil der Erzählung	Neugierige Fragen zum Verlauf der Handlung, der Ereignisse, z. B.: – Wie geht es weiter? – Wie wird es ausgehen? – Wie werden sich die Personen weiterhin verhalten? – Was interessiert mich? – Was muss ich wissen, um die Zusammenhänge zu verstehen?	Dreischritt-Methode der Texterschließung für die Inhaltsangabe – Textmarkierung, W-Fragen – Stichwortnotizen und Stichwortgliederung – schriftliche Inhaltsangabe
5. Weitere Fragen zum Textverständnis, z. B.: – Textinhalt – Personenverhalten – Personeneigenschaften – Zusammenspiel der Personen usw.	Was geschieht im Hauptteil der Erzählung, z. B.: – Was geschieht im Einzelnen? – Welche Personen kommen vor? – Was tun sie? Warum? – Was denken, was fühlen sie?	Beobachtungshilfen für eine Inhaltsangabe, z. B.: – Tatsachen und Gegenstände – Personen? – Verhalten und Eigenschaften, Gefühle, Stimmungen?

3 WIR TRAINIEREN DIE INHALTSANGABE
Was hast du in diesem Kapitel gelernt?

6. Textaufbau, Gliederung des Erzählinhalts, z. B.: – Erzählreihenfolge – zeitliche Reihenfolge – Dehnung, Raffung, Rückblenden usw.	Wie ist der Text gegliedert? – Wie folgen die Ereignisse aufeinander? – in welcher Erzählreihenfolge? – in welcher zeitlichen Folge? – erkennbare Abschnitte? – Wie ist der Zusammenhang von Grund und Folge?	Erzählreihenfolge prüfen – zeitliche Reihenfolge beachten, – die Beobachtungen nennen
7. Sprachliche Gestaltung des Erzähltextes	Was fällt mir an der Sprache auf? – Wie werden die Sätze verbunden (Konjunktionen, Zeitadverbien) – Wie werden die Personen charakterisiert? – Weicht die Grammatik von der Alltagssprache ab?	Wie spiegelt sich die Erzählreihenfolge in der Sprache der Inhaltsangabe wider? z. B. – Zeitadverbien und Konjunktionen benutzen, – Zusammenhänge verdeutlichen
8. Das Zusammenspiel von konkretem Inhalt und Erzählerkommentar	– Was kann man sehen, hören, sich konkret vorstellen? – Wo sind Kommentare? Warum? – Unterbrechen sie die Handlung, erklären sie sie? Warum?	Konkrete Inhalte und Kommentare werden getrennt in der Inhaltsangabe.
9. Möglichkeiten der Zeitgestaltung in einem Text – Handlungszeit – Raffung – Dehnung – Rückblende – verschiedene Zeitebenen	Wann spielt der Inhalt? – Über welchen Zeitraum erstreckt er sich? (Handlungszeit) – Sind Zeitabstände erkennbar? – Wo werden Zeiträume übersprungen (Raffung)? – Wo werden Ereignisse „gedehnt"?	Wie gibt man in der Inhaltsangabe verschiedene Zeitebenen wieder? – Zeitgestaltung des Textes in eigenen Worten wiedergeben
10. Personengestaltung im Erzähltext, z. B.: – durch wörtliche Rede – Verhaltensbeschreibung – wörtliche Rede – Erzählperspektive	Wie werden die Personen geschildert? – mit welchen Adjektiven? – mit welchen Beschreibungen? – Wann und wo steht wörtliche Rede? – Wie wirkt sie auf den Leser/Hörer?	Wie kann man die Eigenschaften der Personen zusammenfassen? Z. B. mit – Adjektiven, Adverbien Umformung der wörtlichen Rede durch – Weglassen – Zusammenfassen – Konjunktiv
11. Textaussage und -wirkung: – die Lehre des Autors? – meine Meinung?	Was ist der Sinn des Textes? – Welche Absicht könnte der Autor verfolgen? Seine Aussage? – Wie wirkt der Text auf mich?	„Und die Moral von der Geschicht"? – Wie kann ich die Aussage kurz zusammenfassen? – Welche Lehre erkenne ich?

Spurensuche in Texten

In diesem Kapitel lernst du, gezielt Fragen an einen Text zu stellen.
Warum ist das Fragen beim Umgang mit Texten so wichtig? Wer Fragen stellt, ist neugierig, will etwas wissen; er ist an einer Antwort interessiert. Wer mit Interesse und Neugier an eine Sache herangeht, kommt in der Regel rascher zum Ziel als jemand, der gleichgültig und uninteressiert bleibt. Eine gesunde Neugier kann aber erst dort Fuß fassen, wo sie mit konkreten Fragen an eine Sache oder eine Geschichte herangeht. Das gilt auch für die Erarbeitung einer Inhaltsangabe. Du kannst dich z. B. selbst fragen, worum es in einer Geschichte geht und ob du alles verstanden hast, du kannst dich auch fragen, was deine Zuhörer (oder Leser) an deiner Inhaltsangabe interessieren könnte.

Das Warum-Spiel

Du erinnerst dich an die Schwankgeschichte „Der Pfarrer von Bruchsal" (S. 34/35). In seiner Inhaltsangabe zu diesem Text schreibt ein Schüler:

> Auf einer Bank versucht er die Schecks nicht einzulösen. Er geht vielmehr in eine Drogerie und bestellt dort Kerzen und andere teure Dinge, die man in der Kirche braucht (...).

Als aufmerksamer Leser wirst du fragen, **warum** er nicht versucht, auf einer Bank den Scheck einzulösen. Du findest die Antworten rasch selbst, z. B.
– weil der Gauner fürchtet, ertappt zu werden,
– weil man bei der Bank Verdacht schöpfen könnte,
– weil er sich etwas Aussichtsreicheres überlegt hat.

Aus solchen Fragen und Antworten lässt sich ein Spiel ableiten. Das Spiel kannst du allein oder mit anderen zusammen spielen.
Das Warum-Spiel fragt nach dem Zusammenhang von Grund und Folge.

SPURENSUCHE IN TEXTEN
4 Das Warum-Spiel

Es kommt darauf an, möglichst viele sinnvolle Fragen zu stellen. Ihre Beantwortung soll dir einen besseren Einblick in den Zusammenhang einer Geschichte, eines Buches oder Films geben. Überall dort, wo nicht alles klar und verständlich erscheint, sollst du nach dem Warum fragen.

Das Spiel kannst du natürlich auch auf deine eigenen Inhaltsangaben anwenden, wenn du nicht ganz sicher bist, ob du alle wichtigen Zusammenhänge richtig wiedergegeben hast: nämlich mit treffenden Begründungen.

MERKE

Spielregeln für das Warum-Spiel

- Lies zuerst den Ausgangstext genau durch (oder höre genau zu).
- Frage laufend, warum sich die Personen so und nicht anders verhalten oder warum die einzelnen Ereignisse in einer bestimmten Reihenfolge ablaufen.
  Notiere ein Fragezeichen an unklaren Stellen. Vielleicht musst du erst die ganze Geschichte kennen, um eine Antwort zu finden.
- Schreibe in Stichworten eine Inhaltsangabe, lies sie aufmerksam durch und notiere Fragezeichen überall dort, wo dir eine Begründung fehlt.
- Beantworte im nächsten Durchgang deine Fragen. Benutze dabei verschiedene Begründungswörter oder Wörter, die eine zeitliche Reihenfolge klären.
  Begründungswörter sind z. B.: weil, deshalb, darum, um ... zu.
- Wenn du außerdem Abwechslung in die Formulierung der zeitlichen Reihenfolge bringen willst, benutzt du Wörter wie: nachdem, darauf, alsbald, später, vorher, nachher usw.

Was kannst du beim Warum-Spiel gewinnen?

- Einblicke in den Zusammenhang der Vorgänge oder die Beweggründe für das Verhalten der Personen.
- Einsicht in die richtige Reihenfolge der Ereignisse, sofern du die Übung auch als ein WANN?-Spiel betrachtest.
- Der „rote Faden" durch die Geschichte, der Zusammenhang von Grund und Folge, wird dir deutlicher.
- Mit dem Einblick in die Zusammenhänge erkennst du auch den Sinn der Geschichte (oder einer Inhaltsangabe) leichter.
- Du erkennst, ob du Wesentliches erfasst und Unwesentliches in deiner Inhaltsangabe weggelassen hast.

AUFGABE 1

Das Warum-Spiel wird dir sicher helfen, unklare Stellen in der folgenden Inhaltsangabe zu finden. Lies sie genau durch und notiere an allen Stellen, bei denen du eine Begründung erwartet hättest, eine Frage.
Schreibe zu jeder Frage eine denkbare Begründung.

Der Pfarrer von Bruchsal

(1) Diese kleine Geschichte von Otto Jägersberg handelt von einem Einbrecher, der, kaum aus dem Gefängnis entlassen, wieder rückfällig wird. (2) Er stiehlt in einem Pfarrhaus die Kleidung des Pfarrers, seine Bibel und ein Scheckheft.
(3) Auf einer Bank versucht er es gar nicht erst, die Schecks einzulösen. (4) Er geht vielmehr in eine Drogerie und bestellt dort Kerzen und andere Dinge, die man in einer Kirche braucht, für 300 Mark. (5) Den Scheck schreibt er allerdings für 500 Mark aus. (6) Dabei tut er zerstreut und abwesend. (7) Man zahlt ihm den Restbetrag von 200 Mark anstandslos aus.
(8) In den Hotels zahlt er immer schon im Voraus, schreibt dabei aber immer einen etwas höheren Betrag auf den Scheck und bekommt den Rest bar ausgehändigt. (9) Immer ist es ein kleiner Betrag.
(10) So zieht er – als Pfarrer – von Ort zu Ort, kauft Geschenke für Altersheime oder Kindergärten, und immer bekommt er den Restbetrag bar in die Hand. (11) Nie fällt er auf.
(12) In einem Vergnügungslokal hält er schließlich die Barmädchen eine ganze Nacht lang frei. (13) Die Rechnung macht 3000 Mark. (14) Wie gewohnt, tut er zerstreut und schreibt einen entsprechend höheren Betrag, 5000 Mark, auf den Scheck.
(15) Der Barbesitzer ruft beim zuständigen Pfarramt an.
(16) Wie die Geschichte ausgeht, das steht nicht da, aber der Leser kann es sich denken.

SPURENSUCHE IN TEXTEN
4 Wie man das gezielte Fragen lernen kann

Wie man das gezielte Fragen lernen kann

Um das gezielte Fragen zu üben, experimentieren wir mit einer modernen Kurzgeschichte. Sie hat einen kriminalistischen Einschlag, das wird dich sicher interessieren. Doch noch ehe die Geschichte begonnen hat, stehst du bereits vor einer Frage: Was ist überhaupt eine Kurzgeschichte?

Eine Kurzgeschichte ist, wie schon der Name sagt, eine kurze Erzählung. Ähnlich wie die älteren Kalendergeschichten wollen Kurzgeschichten den Lesern Spannung und Unterhaltung bieten und sie zum Nachdenken anregen. Ihre Handlung setzt meist unvermittelt ein und bricht, meist hinter einem Erzählhöhepunkt, ebenso unvermittelt ab. Spannend erzählen sie beispielsweise von einem überraschenden Ereignis, das dem Leben eines Menschen eine entscheidende Wendung gibt.

Weil die Geschichten so unvermittelt, ohne lange Einleitung, beginnen, auch ohne hinführende Erklärungen, hat man es als Leser anfangs nicht leicht, sich in die auftretenden Personen und ihre Lebensumstände hineinzuversetzen. Darum ist es hilfreich, bestimmte Fragen zu stellen, um die Zusammenhänge der Geschichte allmählich zu verstehen. Natürlich antwortet die Kurzgeschichte nicht immer auf unsere Fragen; manche bleiben selbst am Schluss noch offen. Aber auch das gehört zu den Eigenarten dieser modernen Erzählform, die den Leser umso mehr anregt, darüber nachzudenken, welche Aussageabsicht, welcher Sinn dahinter stecken könnte.

AUFGABE

2 Lies den folgenden Textabschnitt durch und notiere auf einem Zettel alle Fragen, die du als Polizist oder Kriminalkommissar stellen würdest, weil dir das Verhalten des Mannes – er heißt Redluff – verdächtig vorkäme.
Benutze nur die linke Hälfte deines Notizblattes und lass die rechte Seite für mögliche Antworten frei.

Die Probe von Herbert Malecha

Redluff sah, das schrille Quietschen der Bremsen noch in den Ohren, wie sich das Gesicht des Fahrers ärgerlich verzog. Mit zwei taumeligen Schritten war er wieder auf dem Gehweg. „Hat es Ihnen was gemacht?" Er fühlte sich am Ellbogen angefasst. Mit einer fast brüsken
5 Bewegung machte er sich frei. „Nein, nein, schon gut. Danke", sagte er noch, beinah schon über die Schulter, als er merkte, dass ihm der Alte nachstarrte.

Eine Welle von Schwäche stieg von seinen Knien auf, wurde fast zur Übelkeit. Das hätte ihm gerade gefehlt, angefahren auf der Straße liegen, eine gaffende Menge und dann die Polizei. Er durfte jetzt nicht schwach werden, nur weiterlaufen, unauffällig weiterlaufen, zwischen den vielen auf der hellen Straße. Langsam ließ das Klopfen im Halse nach. Seit drei Monaten war er zum ersten Mal wieder in der Stadt, zum ersten Mal wieder unter so viel Menschen. Ewig konnte er in dem Loch sich ja nicht verkriechen (...).

AUFGABE 3

Versuche, so weit es der Text erlaubt, deine Fragen zu beantworten, z. B.:
Wer ist Redluff? (Ein Mann, der die Polizei fürchtet.)
Warum passt er nicht besser auf? (Weil er in der belebten Umgebung verwirrt ist.)

AUFGABE 4

Denke dir eine Fortsetzung der Kurzgeschichte „Die Probe" aus. Um was für eine Probe könnte es sich handeln? Es genügt, wenn du wenige Minuten darüber nachdenkst; Stichworte reichen aus.

AUFGABE 5

Fasse in wenigen Sätzen den bisherigen Inhalt des Einleitungsabschnittes zusammen. Dabei merkst du, wie schwer es ist, eine Inhaltsangabe zu schreiben, wenn man die Erzählvorlage nicht bis zum Ende kennt, sondern nur auf Vermutungen angewiesen ist.

Was leisten die W-Fragen bei der Spurensuche in einem Text?

Wer?	fragt nach den beteiligten Personen.
Wo?	fragt nach dem Schauplatz.
Wann?	fragt nach der Zeit der Ereignisse.
Was?	fragt nach der Art und Weise der Vorgänge oder Ereignisse.
Warum?	fragt nach den Zusammenhängen, nach Gründen und Hintergründen der Vorgänge.
Wie?	fragt nach einzelnen wichtigen Zusammenhängen im Ablauf der Ereignisse.

SPURENSUCHE IN TEXTEN
Wie man das gezielte Fragen lernen kann

Merke dir also diese Fragepronomina gut. Wenn du sie immer – vor allem auch am Anfang – bei unbekannten Texten anwendest, wirst du Texte nicht nur rascher, sondern auch genauer erfassen, zumindest wirst du Schwierigkeiten schneller erkennen und damit leichter ausräumen. Du hast zum Beispiel gemerkt, dass der Anfang der Kurzgeschichte „Die Probe" mehr verschweigt als enthüllt. Sie baut eine Spannung beim Leser auf, er interessiert sich für den Fortgang der Handlung und nimmt die Personen und ihr Verhalten genauer unter die Lupe. Natürlich findest du in dieser Anfangsphase nicht auf alle Fragen eine Antwort, aber gerade das hält dein Interesse bei der weiteren Lektüre wach. Und darauf kommt es an.

Eine Inhaltsangabe ist zunächst nur eine kurze Bestandsaufnahme eines Textes. Sie stellt fest, worum es geht, was geschieht und wer daran beteiligt ist. Sie beantwortet auch erste Fragen nach den Hintergründen, wenn das Warum-Spiel gut genutzt wurde. Aber manchmal, besonders bei modernen Kurzgeschichten, bleibt noch eine ganze Reihe von Fragen unbeantwortet. Möglicherweise hast du dich auch schon gefragt:
– Warum wirkt die Geschichte so spannend?
– Warum lebt Redluff so in Furcht vor der Polizei?
– Woran kann man seine Unruhe, seine Angst im Text erkennen?
– Warum wird die Geschichte eigentlich aus Redluffs Perspektive, aus seinem Blickwinkel, seiner Sichtweise erzählt?
– Warum erzählt der Autor überhaupt eine solche Begebenheit?
– Was war davor, kommt was danach? Was wird aus Redluff?

Fragen dieser Art zielen auf **das Verständnis größerer Zusammenhänge**. Antworten auf solche Fragen bekommt man aber meist nur, wenn man daraufhin den Text genauer anschaut.

Auch ein Kriminalkommissar muss seine Spuren sehr genau zu lesen lernen, wenn er Erfolg haben will. Er muss – wie du in einem Text – auch Feinheiten beobachten können, auch wenn sie auf den ersten Blick eher belanglos aussehen. So kann z. B. die Frage nach dem Satzbau äußerst interessant sein; denn ein Mensch in Angst und Aufregung wird seine Worte oft weniger beherrschen als ein ruhiger, besonnener Mensch. Oder: In dieser Kurzgeschichte verrät uns der Autor durch Redluffs **Verhalten** dessen Angst: Er reagiert „brüsk", also schroff, abwehrend, auf eine freundliche Frage, seine Knie werden schwach (der Autor betont es noch viel mehr, wenn er von einer „Welle von Schwäche" spricht), er spürt ein „Klopfen am Halse". Auf solche Indizien wird man durch entsprechende Fragen eher aufmerksam, als wenn man einen Text bloß herunterliest.

Die Inhaltsangabe nach Gehör

Im Unterricht übt man die Inhaltsangabe oft, indem man sie aus einem schriftlich vorliegenden Text, z. B. einer Erzählung, erarbeitet. Manche Lehrer lassen aber auch Inhaltsangaben nach Gehör schreiben. Sie lesen einen Text ein- oder zweimal vor; danach schreiben die Schüler ihre Inhaltsangabe ohne weitere Hilfsmittel.

Drei Fähigkeiten und Fertigkeiten braucht man dazu ganz besonders:

a) Das **Verständnis**, den Durchblick; du musst den Inhalt richtig verstanden haben, bevor du ihn weiterverarbeiten kannst.

b) Das **Gedächtnis**, die Merkfähigkeit hilft dir beim Speichern und Weiterverarbeiten der verstandenen Inhalte.

c) Zur sprachlichen Weiterverarbeitung von Informationen gehört auch die **Fähigkeit**, Beobachtungen und Gedanken, auch die Inhalte von Texten, kurz und verständlich **zusammenzufassen**.

Diese drei Grundfähigkeiten fallen nicht vom Himmel, sie wollen geübt und als Fertigkeiten angewandt werden. Erst zusammen genutzt, bilden sie die Grundlage für eine gute Inhaltsangabe. Wenn man sich beim Zuhören nicht von Anfang an konzentriert, schleichen sich leicht Fehler ein. Deshalb kann es hilfreich sein, beim intensiven Zuhören die Augen zu schließen, damit man nicht durch äußere Einflüsse abgelenkt wird. Also: Ohren auf und Augen zu beim Zuhören!

In diesem Kapitel zeigen wir dir, wie du bei der Inhaltsangabe nach Gehör am besten verfährst. Sinnvoll ist es, in drei Doppelschritten vorzugehen. Der folgende Merkkasten zeigt dir die Arbeitsschritte im Überblick.

AUFGABE

1 Verkürze den Merkkasten auf S. 55 auf wenige einprägsame Stichwörter.

DIE INHALTSANGABE NACH GEHÖR
Erst zuhören, dann Stichwortnotizen

In drei Doppelschritten zur Inhaltsangabe nach Gehör

1. – Der Text wird vorgelesen; höre konzentriert zu. Achte auf die großen Zusammenhänge. Schreibe nicht mit.
   – Stichwortnotizen machst du erst nach dem Zuhören. Nutze dabei die W-Fragen, um Ausgangssituation und Gang der Handlung zu klären.
2. – Kontrolliere deine Stichwortnotizen, wenn der Text zum zweiten Mal vorgelesen wird. Ergänze sie schon beim zweiten Zuhören, damit du nichts vergisst.
   – Überarbeite deine Stichwortnotizen erneut und ergänze sie weiter; ordne sie zur Stichwortgliederung.
3. – Beginne ein Konzept in vollständigen Sätzen. Vergiss dabei den Einleitungssatz nicht.
   – Verbessere dein Konzept und beginne mit der Reinschrift. Wird die Zeit knapp, schreibst du nur den Anfang eines Konzeptes, um dich warm zu schreiben.

Erst zuhören, dann Stichwortnotizen

Der folgende Text ist eine Schwankerzählung. Ursprünglich kommt die Geschichte aus dem Orient; Johannes Pauli (um 1450 bis 1530) hat sie für deutsche Leser seiner Zeit erzählt. Die vorliegende Fassung wurde ein wenig erweitert und im Wesentlichen in die Gegenwartssprache übertragen. Eine Worterklärung: Gulden sind Goldmünzen (daher der Name) von hohem Wert; 800 Gulden sind ein Vermögen wert.

AUFGABE 2

a) Lass dir den ersten Teil der Schwankerzählung vorlesen (oder lies ihn notfalls selbst laut durch).

Lenke dich nicht durch das Mitschreiben von Stichwörtern ab. Du musst zuerst den Zusammenhang der Vorgänge erkennen.

**Untreue schlug einen Zimmermann oder
Ehrlich währt am längsten**

Es war an einem warmen Sommerabend des Jahres 1506. Vom Kirchturm eines kleinen Dorfes unweit der Messestadt Frankfurt am Main hörte man das Abendläuten. Leichtes Gewölk trieb am Himmel, und die Sonne warf die langen Schatten der Apfelbäume auf die kahl gefressenen Viehweiden, die an die rohen Flechtzäune und Dornenhecken des Dorfes grenzten. Die Bauern hatten sie errichtet, um im Winter Wölfe und Füchse von ihren Hütten und Ställen abzuhalten. Ferkel quiekten schrill hinter den Zäunen und Gänse schnatterten, als sie in ihre Ställe aus Lehm und Flechtwerk getrieben wurden. Erschöpft vom langen Tagewerk schlurfte eine Schar Bauern, Sensen, Hauen und Forken auf den gebeugten Schultern tragend, hinter einem Ochsengespann ins Dorf.
Da ritt ein wohlgekleideter Herr an ihnen vorüber, sicher ein reicher Kaufmann. Die Bauern hoben die müden Köpfe und sahen ihm nach. An seiner vornehmen Kleidung, dem pelzverbrämten Rock und den ledernen Schaftstiefeln merkten sie, dass seine Geschäfte gut gingen. Sein kräftiges Ross, obwohl es staubbedeckt war und nur langsam im Schritt ging, war eine Augenweide; Zaumzeug und Sattel vom besten Leder, und die Satteldecke war kostbar bestickt.
Nur die Satteltaschen, eine ältere orientalische Knüpfarbeit, machten einen mürben Eindruck. Sie waren vollgestopft, sodass man ihre Löcher unter den abgeschabten Stellen deutlich sah.
Der Reiter war auf dem Wege zur Frankfurter Messe. Die blinden Bettler am Kirchplatz des Dorfes scheuchte er mit harten Worten weg und drängte sein Pferd an einer Gruppe von Handwerkern vorbei, die vor dem Rathaus standen. Als sie hinter ihm her schimpften, gab er seinem Pferd die Sporen, obwohl es von dem langen Ritt erschöpft war, und ritt rascher aus dem Dorf hinaus gen Frankfurt, das in den letzten Sonnenstrahlen vor ihm lag. Die Hufe des Pferdes schlugen hart auf die Pflasterstraße.
Bald erreichte er sein Wirtshaus in der Stadt. Das Ausschirren und Tränken des Pferdes befahl er den Hausknechten, aber an die Satteltaschen ließ er keinen heran. Die nahm er selbst ab und wollte sie gerade zu seiner Kammer tragen, als er heftig erschrak; sie waren leichter als vorher. Hastig griff er hinein, doch seine Hand fuhr heftig zurück. Sein lederner Geldbeutel mit 800 Dukaten war verschwunden. Wieder und wieder suchte er danach, aber es blieb dabei. Er musste ihn unterwegs beim Galoppieren verloren haben. Vielleicht im letzten

5 DIE INHALTSANGABE NACH GEHÖR
Erst zuhören, dann Stichwortnotizen

Dorfe mit den blinden Bettlern, die er so barsch abgewiesen hatte.
40 Zurückreiten konnte er nicht, denn er fürchtete Räuber und Wegelagerer vor den Stadttoren. So verbrachte er eine unruhige Nacht im Wirtshaus, ritt aber am nächsten Morgen zurück und suchte den ganzen Weg ab, ohne Erfolg. Beim Pfarrer des Dorfes stieg er ab und bat ihn, am nächsten Sonntag in der Kirche zu verkünden, er habe hier
45 einen Beutel mit 800 Gulden verloren. Wer ihn zurückbringe, dem wolle er 100 Gulden als Finderlohn schenken.

Nun war an dem Abend, als der Kaufmann nach Frankfurt geritten war, ein ehrlicher Zimmermann des Weges gekommen, der von Frankfurt in sein Dorf zurückwanderte, müde von einem schweren
50 Arbeitstag. Hinter einer steinernen Brücke, wo der Weg noch gepflastert war, stieß er im letzten Abenddämmerschein an einen harten Lederbeutel. Als er ihn öffnete, sah er Geld darin. Er nahm den Beutel mit und wunderte sich, dass er so schwer daran zu tragen hatte. Müde, wie er war, legte er ihn in seiner Schlafkammer ab, um ihn später
55 zurückzugeben, wenn jemand danach fragen würde. Nachdem er mit seiner Frau das kärgliche Abendbrot gegessen hatte, legte er sich schlafen.

Am nächsten Sonntag ward in der Kirche des Dorfes, in dem der Zimmermann daheim war, auf der Kanzel verkündigt, es seien 800
60 Gulden verloren gegangen, und wer dieselben gefunden hätte, dem wolle man 100 Gulden schenken, wenn er sie wiederbringe. Der Zimmermann war nicht in der Kirche gewesen, und da man bei Tisch saß, sagte seine Hausfrau, es seien 800 Gulden verloren gegangen. „Ach", sagte sie, „hätten wir doch den Sack gefunden, dass wir die
65 100 Gulden bekämen." Der Mann sprach: „Frau, gehe hinauf in unsere Kammer, unter der Bank bei dem Tisch auf dem Absatz von der Mauer liegt ein lederner Sack, den bring herab." Die Frau ging hinauf, holte ihn und brachte ihn dem Mann. Der Mann tat den Sack auf, da waren die 800 Gulden darin, wie der Priester verkündet hatte.

AUFGABE

2 b) Notiere nach dem Zuhören in Stichworten (untereinander), was du von dieser Schwankerzählung behalten hast.

AUFGABE 3

Verbessere das Schülerbeispiel, indem du streichst, was dir falsch erscheint. Welche Ratschläge kannst du dem Schüler geben, damit seine nächsten Stichwortnotizen besser werden?

> Sommerabend 1506, Sonne, Wolken, Schatten. Bauern müde, reicher Kaufmann, Pelzkleider, kostbare Satteldecke, gute Geschäfte, hartherzig zu Bettlern, im Galopp nach Frankfurt zur Messe. Wirtshaus, Knechte, Satteltaschen selbst versorgt, Geldsack verloren. Schreck. Angst vor Räubern.
> Nächsten Morgen. Ritt zum Dorf. Pfarrer
> Finderlohn 100 Gulden, verloren 800.
> Armer Zimmermann
> Geld gefunden
> aufbewahrt.
> Wie weiter?

Arbeitshilfen für die ersten Stichwortnotizen

1. **Konzentriere dich auf das Zuhören**
   - Halte Papier und Schreibzeug bereit, damit du nicht durch unnötiges Suchen später abgelenkt wirst.
   - Höre konzentriert zu, achte auf die äußeren Vorgänge der Erzählung und – so weit möglich – auf die inneren Zusammenhänge.

2. **Auch ein Notizblatt will geplant und organisiert sein**
   - Schreibe die Stichworte untereinander, nicht nebeneinander. So gewinnst du eine bessere Übersicht.
   - Notiere sie in großzügigen Abständen, damit Ergänzungen in der richtigen Reihenfolge dazwischen passen.
   - Lass die rechte Seitenhälfte frei für weitere Notizen oder Fragen. Auch das spart Zeit und erleichtert den Überblick.

3. **Schlusskontrolle nicht vergessen**
   - Kontrolliere alle Stichworte nochmals. Hast du etwas vergessen?
   - Welche W-Fragen konntest du nicht beantworten? Notiere sie am rechten Rand, damit du sie beim zweiten Zuhören beachtest.

Mitschreiben beim Zuhören

Du hast gemerkt, dass man seine Arbeit planen und organisieren muss, wenn sie Erfolg haben soll. Eine übersichtliche Planung fördert die Konzentration. Normalerweise aber entgehen dir, vor allem später bei schwierigeren Texten, manche für das Verständnis wichtigen Einzelheiten. Deshalb ist es gut, wenn du nun den Text ein zweites Mal hörst und deine Notizen dabei überprüfst.

AUFGABE

a) Lass dir den Text nochmal vorlesen. Lies dabei deine ersten Stichworte mit und ergänze sie, während du weiter zuhörst.

b) Überarbeite nach dem zweiten Zuhören dein ganzes Notizblatt noch einmal; ergänze, was fehlt. Markiere mit Querstrichen Sinnabschnitte. Formuliere danach für die einzelnen Sinnabschnitte Zwischenüberschriften. Nummeriere die Überschriften.

AUFGABE

Prüfe folgende Stichwortnotizen. Welchen Arbeitsschritt muss der Schüler noch leisten?

- Wohlhabender Kaufmann
- reicher Reiter
- vor ca. 500 Jahren
- Sommerabend
- Dorf
- zu armen Bettlern
- geizig, deshalb im Galopp zur Stadt
- aus Satteltasche Geld verloren
- abends in der Stadt
- Knechte versorgen Pferd
- Satteltaschen geleert
- Verlust des Geldes bemerkt
- Angst vor Räubern
- außerhalb der Stadt, deshalb nachts nicht mehr gesucht
- unruhige Nacht

> **MERKE**
>
> **Arbeitshilfen fürs zweite Zuhören**
>
> 1. Vorbereitungsfragen zum Verständnis des Inhalts
>   - Welche W-Fragen sind noch unklar? Suche beim Zuhören eine Antwort.
>   - Welche Vorgänge und Zusammenhänge sind noch unklar? Stelle sie dir beim Zuhören möglichst konkret vor.
>   - Welche Lehre (Aussage) hat die Geschichte. Würde z. B. die Redensart „Unrecht Gut gedeihet nicht" passen?
>
> 2. Tips für die Stichwortnotizen beim zweiten Zuhören und danach
>   - Lies die bisherigen Notizen beim Zuhören mit und ergänze sie: Mitschreiben erwünscht!
>   - Notiere die neuen Stichwörter an inhaltlich passenden Stellen auf der rechten (freien) Seite des Notizblattes.
>   - Weitere unklare Stellen werden mit einem Fragezeichen markiert. Lies alle Notizen nochmals durch und versuche, alle offenen Fragen aus dem Zusammenhang zu erklären.
>
> 3. Hilfsfragen für die Gliederung der Stichwortnotizen, z. B.:
>   - Wo wechselt der Schauplatz? (z. B. vom Dorf zur Stadt)
>   - Wo ändert sich die Handlung? (Reise, Nachtquartier)
>   - Wo treten andere Personen auf? (Pfarrer, Zimmermann, Frau)
>   - Wo sind zeitliche Einschnitte zu erkennen? (früher Abend, später Abend (in der Herberge), am nächsten Tag usw.

Was du bei der ersten Hälfte des Schwanks gelernt hast, kannst du jetzt selbstständig auf den zweiten Teil anwenden.

AUFGABE 6

a) Lass dir die Fortsetzung des Schwanks vorlesen. Mach dir **nach** dem konzentrierten Zuhören Stichwortnotizen.

b) Lass dir anschließend den Text nochmals vorlesen und ergänze deine Stichwortnotizen. (Vergiss die Arbeitshilfen fürs zweite Zuhören nicht. Vgl. oben.) Gliedere deine Stichworte durch Zwischenüberschriften.

AUFGABE 7

Suche einige passende Überschriften zu dieser Schwankerzählung, die den Sinn der Geschichte treffend wiedergeben.

5 DIE INHALTSANGABE NACH GEHÖR
Mitschreiben beim Zuhören

Der Zimmermann ging zu dem Priester und fragte ihn, ob es wahr sei, dass er verkündigt habe, dass man einem 100 Gulden schenken wolle. Der Priester sagte ja. Da sprach der Zimmermann: „Heißet den Kaufmann kommen, das Geld ist da."

Da war der Kaufmann froh und kam. Wie er aber das Geld gezählt hatte, warf er dem Zimmermann 5 Gulden hin und sagte zu ihm: „Die 5 Gulden schenke ich dir. Du hast dir selbst schon deine 100 Gulden genommen und dich selbst belohnt, es sind nämlich 900 Gulden gewesen." Der Zimmermann sprach: „Mir nicht so, ich habe weder einen Gulden noch 100 genommen. Ich bin ein braver Mann."

Das Geld ward bei Gericht hinterlegt und nach manchem Gerichtstag sollte die Entscheidung gefällt werden. Man fragte den Kaufmann, ob er einen Eid schwören wolle, dass er 900 Gulden verloren habe. Der Kaufmann sprach ja. Da sagte das Gericht: „Hebe die Hand auf und schwöre!" Darnach fragte man den Zimmermann, ob er auch einen Eid schwören könne, dass er nicht mehr als 800 Gulden gefunden habe. Der Zimmermann sagte ja und schwur auch einen Eid. Da entschieden die Richter, dass sie beide recht geschworen hätten, derjenige, der die 900 Gulden verloren und der Zimmermann, der nur 800 Gulden gefunden hätte. Der Kaufmann sollte nun einen suchen, der 900 Gulden gefunden habe, denn das wäre nicht sein Sack. Der arme Zimmermann solle das Geld behalten, bis einer käme, der nur 800 Gulden verloren hätte.

Also schlug Untreue ihren eigenen Herrn und ward das Sprichwort wahr: Wer zu viel will, dem wird zu wenig.

Je strenger du die Stichwortgliederung geprüft hast, je genauer und übersichtlicher sie also ist, desto leichter fallen dir Konzept und Reinschrift.

AUFGABE 8

Ein Konzept brauchst du in diesem Trainingsprogramm nicht zu schreiben. Beginne gleich mit der Reinschrift deiner Inhaltsangabe zu diesem Schwank.

> **Von der Stichwortgliederung zum Konzept**
>
> 1. Forme aus Stichwörtern vollständige Sätze im Konzept. Vergiss bei Satz- und Gedankenverbindungen die Begründungswörter nicht. („Er liefert das Geld ab, weil er ehrlich ist.")
> 2. Lass auf dem Konzeptblatt rechts einen breiten Rand für spätere Ergänzungen.
> 3. Vergiss den Einleitungs- und Überblickssatz nicht. (Z. B.: „Diese Geschichte handelt von einem reichen Kaufmann und einem armen Handwerker, die vor 500 Jahren lebten ...")
> 4. Das Konzept dient dazu, dich warm zu schreiben und in einen flüssigen Satzbau hineinzufinden. Reicht die Zeit nicht, beginnst du nach wenigen Konzeptsätzen mit der Reinschrift, wenn du deine gesamte Gliederung nochmals gelesen und verbessert hast.

Sei neugierig auf den Inhalt

AUFGABE 9

a) Lass dir den Text auf S. 63 (es handelt sich um den ersten Teil einer Schwankerzählung) vorlesen und konzentriere dich gut beim Zuhören. Schreibe nichts auf. Mach dir nach dem Zuhören Stichwortnotizen.

b) Lass dir anschließend den ersten Teil des Schwankes nochmals vorlesen und ergänze deine Notizen dabei. Vergleiche dein Ergebnis mit dem Lösungsheft.

5 DIE INHALTSANGABE NACH GEHÖR
Sei neugierig auf den Inhalt

Von drei Gesellen, einem Bauern und zwei Bürgern

Oft geschieht es, dass einer selber in die Grube fällt, die er einem anderen gemacht hat. Davon höret ein Beispiel: Drei Gesellen, zwei Bürger und ein Bauer gingen zur Sommerzeit miteinander andächtiglich wallfahren. Sie waren den ganzen Tag gelaufen, viele Meilen durch Wälder und Felder, ohne einen Bissen zu essen zu finden. Die Wälder waren zwar kühl gewesen, und ihren Durst konnten sie an manch einer Quelle stillen. Aber zu beißen hatten sie den ganzen Tag nichts, weder Brot noch Käse oder gar Wurst. Die Früchte auf den Bäumen waren noch nicht reif und den Rest Mehl, den sie in einem Säcklein trugen, wollten sie für den Abend aufheben, um daraus ein Brot zu backen. Aber es würde ein sehr kleines Brot werden.
Gegen Abend kamen sie an eine Stadt. Mürrisch ließen die Torwächter die drei müden und erschöpften Gestalten ein. In ihren staubigen Pilgermänteln sahen sie nicht danach aus, als ob sie viel Geld in die Stadt brächten. –

Der Bauer wurde wegen seiner großen, kräftigen Figur von den beiden Bürgern zwar als Begleiter geschätzt, aber er roch den feinen ‚Herren' zu sehr nach Kuhstall. Außerdem fanden sie, er sei zu gefräßig und sie kämen beim Essen zu kurz weg. So beschlossen sie, als sie in der einfachen Pilgerherberge sich an einem Wassertrog Hände und Gesicht wuschen und wieder ihren Durst löschten, sie wollten den Bauerntölpel übers Ohr hauen. Hier in der Stadt brauchten sie ohnehin keinen Beschützer mehr.
Die zwei Bürger waren böslistig und sprachen zusammen: „Wir haben nicht mehr Speise, denn zu einem kleinen Brot. Nun ist dieser Bauer gefräßig; wir sollten einen Weg finden, dass wir zwei das Brot allein behalten."

Als sie nun im Garten der Herberge auf ihrer einfachen Strohschütte lagen, der Teig geknetet und das Brot geformt in den Ofen gelegt war, gedachten die zwei, wie sie den dritten um sein Teil brächten, und sprachen zusammen zu dem Bauern: „Wir haben ein kleines Brot, das uns allen dreien nicht genug ist, wir wollen also, dass wir uns alle drei schlafen legen, und welcher unter uns allen den wunderlichsten Traum sieht, der soll das Brot allein haben." Das gefiel ihnen allen.

AUFGABE

10 Was ist an der folgenden Stichwortgliederung eines Anfängers falsch?
Was hat der Schreiber missverstanden?
Beachte, wie er die Redensart „Wer andern eine Grube gräbt, ..." wiedergibt.
Verbessere die Notizen.
Schreibe dem Schüler auf, worauf er in Zukunft achten soll.

Einer fällt in die Grube
Wallfahrt
kein Brot
2 Bürger
1 Bauer
Speisebeutel brach
nur wenig Mehl übrig
Bürger:
„Der Bauer ist gefräßig, wir wollen das Brot allein behalten."
Brot im Ofen
Nacht
sie schlafen
Plan der Bürger:
„Wir (machen) schlagen einen Erzählwettkampf vor. Wer den wunderlichsten Traum sieht, bekommt das Brot" – wenn gebacken.

5 DIE INHALTSANGABE NACH GEHÖR
Sei neugierig auf den Inhalt

Ältere Erzählungen, z. B. die Geschichte aus 1001 Nacht oder die Schwänke aus dem späten Mittelalter, machen es heutigen Lesern nicht immer leicht. Sie müssen nicht nur den Handlungsablauf der Ereignisse erkennen, sondern sich auch in die ferne, fremde Welt hineinfinden, in der diese Geschichten spielen. Warum – zum Beispiel – machen die drei Gesellen im letzten Schwank so viel Aufhebens um ein Stück Brot? Nicht nur, weil sie keinen Heller mehr in der Tasche haben, um im Wirtshaus zu essen; Brot war damals viel wert, als es noch kaum Konservierungsmöglichkeiten für Lebensmittel gab. Um rasch in eine Geschichte hineinzufinden, sich auf den Inhalt einzustimmen, sollte man bewusst neugierig sein und sich für den Ausgang interessieren.

AUFGABE 11

a) Die Vereinbarung zwischen dem Bauern und den beiden Bürgern klingt wie eine Wette. Wer wird die Wette gewinnen?
Prüfe, ob es im bisherigen Text Spuren gibt, die auf einen bestimmten Ausgang der Wette hinweisen. Wer könnte gewinnen? Solche Spuren, Indizien, sind manchmal in den Eigenschaften der Personen erkennbar. Wer wird vom Erzähler eher sympathisch, wer eher unsympathisch dargestellt? Notiere Stichwörter.

b) Schreibe den Schwank (in Stichworten) zu Ende. Vielleicht findest du sogar eine ganz andere Lösung als der Schwankerzähler.

AUFGABE 12

Höre dir nun den zweiten Teil des Schwankes an. Notiere dir vorher einige Fragen, die dich am Fortgang der Geschichte interessieren.

Als aber die zwei meinten, dass der dritte fest entschlafen wäre, legten sie miteinander an, dass der eine sprechen sollte, wie er geträumt hätte, dass ihn zwei Engel aufgeführt hätten durch die offenen Pforten des Himmels vor den Thron Gottes. Da sprach der andere: „So will ich
5 sagen, wie mich zwei Engel durch das gespaltene Erdreich hinab in die Hölle geführt haben; wunderlichere Träume kann der Bauer nicht erdenken."
Da aber der Bauer das erhörte, stand er heimlich auf und nahm das Brot aus dem Ofen, ehe es genug gebacken war, und aß es ganz und
10 legte sich wieder schlafen. Nicht lange danach riefen die zwei Gesellen den dritten. Der stellte sich, als ob er aus dem Schlaf sehr erschrocken

wäre, und sprach: „Wer ruft mich?" Sie sprachen: „Wir sind deine Gesellen." Der Bauer sprach: „Oh, liebe Gesellen, wie seid ihr wiedergekommen?" Sie antworteten und sprachen: „Wir sind noch nie von dieser Stätte geschieden; warum fragst du denn, wie wir wiedergekommen seien?" Da sprach der Bauer: „Mich hat bedünket, wie zwei Engel den einen aufgeführt haben vor den obersten Gott in den Himmel. Und zwei andere Engel haben den anderen abgeführt durch die Klüfte der Erde in die Hölle. So ich aber nie gehört habe, dass jemand aus dem Himmel oder aus der Hölle wiederum auf das Erdreich kommt, so bin ich aufgestanden und hab' das Brot allein gegessen." – Also schlug Untreue ihren eigenen Herrn.

AUFGABE

13 a) Notiere eine übersichtliche Stichwortgliederung zur zweiten Schwankhälfte.

b) Schreibe nun eine vollständige Inhaltsangabe. Es genügt, wenn du nur die Einleitung und die ersten Sätze des Hauptteiles im Konzept planst und dann gleich mit der Reinschrift beginnst.

MERKE

Sei neugierig auf den Inhalt!
- Worum geht es? Um welches Thema, welches Problem?
- Was geschieht? In welcher Reihenfolge?
- Wer ist daran beteiligt? Welche Personen?
- Wo ereignen sich die Vorgänge? (Schauplatz?)
- Welchen zeitlichen Hintergrund kannst du dir vorstellen?
- Wie geht die Sache aus?

5 DIE INHALTSANGABE NACH GEHÖR
Finger weg vom Textwortlaut

Finger weg vom Textwortlaut

Mancher Schüler übernimmt wörtliche Formulierungen aus der Textvorlage, weil die ja nicht falsch sein können. Oft sind dies aber Satzfetzen, die – aus dem ursprünglichen Zusammenhang gerissen – den Sinn der Aussage verändern können. Deshalb ist es besser, in eigenen Worten aufzuschreiben, was man verstanden hat. Das kann manchmal schon fast eine Übersetzungsaufgabe sein, vor allem, wenn die Geschichte in einer altmodischen Sprache aufgeschrieben wurde.

AUFGABE

14 Korrigiere die Missverständnisse in der folgenden Inhaltsangabe. Die Fehler sind bereits mit Ziffern gekennzeichnet.

> Der Schwank handelt davon, dass einer in eine Grube fällt, was früher oft passiert ist. Hier sind es zwei Bürger und ein Bauer (1). Die drei waren (2) auf einer Wallfahrt. Sie laufen den ganzen Tag, aber zu beißen haben sie nichts, weder Brot noch Käse oder gar Wurst (3). Ganz hungrig kommen sie abends in eine Stadt, mürrisch (4) wie (5) die Torwächter, die drei erschöpften Gestalten (6). In der Pilgerherberge wollen sie den kräftigen Bauerntölpel übers Ohr hauen, aber sie finden keinen Knüppel dafür (7), deshalb denken sie sich eine List aus, um das kleine Stück Brot, das ihnen allen gemeinsam gehört, ohne den „gefräßigen" Bauern essen zu können. Sie schlagen dem Bauern eine Wette vor und sagen: „Wer den wunderlichsten Traum sieht, soll das Brot allein haben (8)." Der Bauer ist einverstanden.
>
> Die Bürger denken sich wunderliche Träume aus: der eine sei an die Pforte des Himmels und der andere durch das gespaltene Erdreich hinab in die Hölle geführt worden. Der Bauer hört, wie sie sich absprechen, schleicht, als sie schlafen, hinaus und isst das Brot allein auf. Als er ihnen dann seinen Traum erzählt, ärgern sie sich so darüber, dass sie rückwärts in eine Grube aus offenem Erdreich fallen (9). Eigentlich hatten sie den Bauern dort hinein werfen wollen (10).

MERKE

> **Finger weg vom Textwortlaut!**
> - Achte zuerst auf den Inhalt und auf den Sinn der Worte.
> - Klammere dich nicht an einzelne Formulierungen des Textes.
> - Frage lieber: Was bedeuten die Worte im Sinnzusammenhang?
> - Denke in eigenen Worten mit, denke in einfachen Sätzen.
> - Übertrage schwierige Wörter in deine Sprachebene (oder frage deinen Lehrer danach, wenn du ein Wort nicht kennst).
> - Vergiss beim Zuhören die W-Fragen nicht.
> - Vermeide altmodische Ausdrücke.

AUFGABE

15 Welche Fehler hat der Schreiber des folgenden **Beispiels** gemacht? Welche Ratschläge kannst du ihm geben?

Vor dem Einschlafen verabreden die zwei Bürger ihre Lügengeschichten. Einer will erzählen, er sei im Traum zu einem Thron in den Himmel geführt worden. Der andere sagt: „Ich erzähle, ich wurde zu einer Höhle geführt. Dort zeigten mir zwei Engel eine Grube für den dummen Bauern." (1) Der Bauer aber hört, was sie flüstern. Als beide schlafen, schleicht er hinaus und isst das kleine Brot allein auf.

Als die Bürger ihn aufweckten (2) und ihre Träume erzählen wollten (3), tut er erstaunt und fragt, woher sie gekommen seien. Er habe gehört, sie seien in Himmel und Hölle entführt worden. Weil aber von dort noch niemand zurückgekommen sei, habe er das Brot allein gegessen.

So sind die Betrüger durch ihre eigene List bestraft worden. Vor Schreck gingen sie ein paar Schritte rückwärts und plumpsten in die Grube (4), die sie für den Bauern gedacht hatten.

5 DIE INHALTSANGABE NACH GEHÖR
Auf Zeitablauf und Erzählreihenfolge achten

Auf Zeitablauf und Erzählreihenfolge achten

AUFGABE

16 Höre dir die folgende Geschichte an. Notiere nichts beim ersten Zuhören, achte aber auf den zeitlichen Ablauf der erzählten Ereignisse.

Der Feigling
von Hans May

Sie suchten Dümmel. Er war verschwunden. Hatte er sich auf dem Lokus verkrochen, der Feigling? Wehe, wenn wir ihn finden! Und wir kriegen ihn! Er kann sich verstecken – aber entkommen kann er uns nicht. Sie schnüffelten durch die Schule, über den Hof, beobachteten
5 die Straße. Sie suchten Dümmel.
Angefangen hatte es in der zweiten großen Pause. Dümmel spielte Kriegen mit Erwin und den Mädchen. Erst wollten sie ihn nicht mitspielen lassen. Er war klein und ein bisschen pummelig, schwerfällig im Laufen, und seine Brille sprang auf seiner Nase auf und ab, wenn er
10 rannte, während seine kurzgeschnittenen blonden Haare immer senkrecht in die Höhe standen. Er ging jeder Prügelei aus dem Wege, nicht nur wegen seiner Brille. Schlägereien waren ihm zuwider. Er war ein friedlicher Typ und zu Hause spielte er stundenlang mit seinen Kaninchen. Er wäre gerne Erwins Freund gewesen. Aber Erwin biss nicht
15 an. Er verachtete Dümmel nicht wie Gerds Bande, die Dümmel wegen seines runden Gesichts und seiner abstehenden Ohren manchmal den „Arsch mit Ohren" nannten. Dann wurde Dümmel verlegen und zog sich noch mehr zurück. Nein, Erwin verachtete Dümmel nicht, aber er mochte ihn auch nicht, während Dümmel Erwin mochte. Der konnte
20 schnell laufen und Haken schlagen, im Ringkampf nahm er jeden aus der Klasse in den Schwitzkasten, und boxen tat er nicht, was Dümmel sehr gefiel. Er hätte Erwin ein Kaninchen geschenkt, wenn der es gewollt hätte.
In der zweiten Pause, mitten im Kriegenspielen, hatte es plötzlich ange-
25 fangen.
„He, Erwin, komm mal her, Mensch!"
Gerd stand da, mitten in seiner „Bande".
„Was willste denn, komm du doch!", rief Erwin und passte auf, dass ihn keiner fing.
30 „Lass doch die Weiber sausen, Mensch", maulte Gerd. Er ging wie ein Cowboy und hatte die Daumen hinter den Gürtel geklemmt, als er

jetzt auf Erwin zuging. Hinter ihm Berni, Beppo und Franz. Erwin blieb stehen und wartete misstrauisch. Dümmel, wie immer ein bisschen unsicher mit seiner großen Brille, hielt ein paar Meter Abstand.

„Du gefällst mir", sagte Gerd.

„Aber ihr mir nicht", sagte Erwin. Dümmel zog ängstlich die Augenbrauen hoch. Er kannte die Bande.

„Wir könnten dich bei uns gebrauchen", sagte Gerd.

„Wofür?", fragte Erwin.

„Du bist schnell", sagte Gerd, „schneller als wir, und das brauchen wir heute Mittag." Und sie erzählten ihm, dass sie heute Mittag am Kiosk, drei Ecken weiter, Kaugummi klauen wollten. Der Alte hatte immer das ganze Kaugummi auf dem Tresen liegen. „Wir kaufen 'ne Zeitung für meine Oma, ‚Das grüne Blatt' heißt die. Da muss er sich umdrehen, die hat er hinten. Wenn er sich umgedreht hat, klauen wir die Kaugummis und geben sie dir. Bis er wieder da ist, bist du um die Ecke. Wir bleiben stehen. Wenn er zurückkommt und merkt was, dann tobt er, aber wir ha'm ja nix. Ganz klare Sache. Muss nur schnell gehen und dafür brauchen wir dich."

„Und von da an", sagte Berni, „gehörst du uns."

Die anderen nickten.

„Mach ich nicht", sagte Erwin. „Klaut euren Mist alleine." Und er wollte wieder losrennen. Aber Gerd hatte seinen Arm gegriffen und hielt ihn fest.

„Habt ihr das gehört?", fragte er seine Bande, „er will nicht."

„Lass mich los", sagte Erwin. Aber Gerd hielt fest.

„Wie find' ich denn das", sagte er und er zog mit der anderen Hand ein Brennglas aus der Hosentasche und zeigte es Erwin.

„Weißt du, was das ist?", fragte er.

Erwin blickte stumm auf das Brennglas.

„Das zieht so schön auf der Haut", sagte Gerd, „und wenn man es richtig macht, gibt es sogar Blasen."

Es klingelte und alle liefen zum Eingang.

„Du kannst es dir bis heute Mittag überlegen", sagte Gerd und ließ das Brennglas an einem Bindfaden um seinen Finger kreisen. „Aber überleg es dir gut." Er gab Erwin frei, der Kreis der Bande um Erwin öffnete sich, sie gingen zur Tür und Dümmel blieb vor Aufregung noch einen Augenblick stehen und rieb seine Hände ein paarmal an der Nase. Er hatte aber gehört.

In der nächsten Stunde wurde gerechnet. Frau Lindenmayer erklärte, wie große Zahlen geteilt werden, und rief dann Sibylle an die Tafel: Sibylle war gut in Rechnen und alles ging glatt. Als Frau Lindenmayer den nächsten aufrufen wollte, wanderte ihr Blick über die Klasse und

5 DIE INHALTSANGABE NACH GEHÖR
Auf Zeitablauf und Erzählreihenfolge achten

blieb an Erwin hängen. Er saß vorn in der zweiten Reihe.
„Was ist denn mit dir los?", fragte sie.
„Wieso", sagte Erwin, „nichts."
„Du siehst aus wie ein Käse. Ist dir nicht gut?"
„Doch. Ich hab' nichts."
„Na, dann komm her und rechne die Nächste."
Erwin ging an die Tafel. Aber es klappte nicht. Er verrechnete sich dauernd und machte die blödsten Fehler.
„Also hör mal", sagte Frau Lindenmayer, „da stimmt doch was nicht mit dir. Solche Fehler machst du doch sonst nicht. Nun sag schon, was du hast."
Erwin drehte sich um, stand nun mit dem Rücken zur Tafel und blickte in die Klasse. In der fünften Bank, genau an der Seite des Ganges vor ihm saß Gerd und starrte ihn an, ohne einen Muskel in seinem Gesicht zu bewegen.
„Vorhin", begann Erwin langsam, „in der Pause ..." Aber da sah er, wie Gerd langsam das Brennglas an der Seite neben der Bank um den Finger kreisen ließ und Erwin stockte.
„Was war in der Pause? Los, sag schon", Frau Lindenmayer drängte jetzt.
„Da war mir schlecht", sagte Erwin. Aber er hatte es noch nicht ganz heraus, da rief plötzlich Dümmel aus der letzten Reihe aufgeregt: „Frau Lindenmayer, Frau Lindenmayer, das stimmt gar nicht." Er stand auf und stellte sich neben die Bank. Das Grinsen auf Gerds Gesicht war verschwunden. Er duckte sich, als hätte ihm jemand in den Magen geschlagen. Frau Lindenmayer aber wurde ungeduldig. Die Zeit verstrich. Sie wollte rechnen.
„Ach Hansi", sagte sie, stand auf und ging zur Tafel. „Setz dich hin und halt den Mund. Ich hab dich nicht gefragt." Und sie nahm den Schwamm aus dem Kasten und hob den Arm. Aber da schrie Dümmel los: „Der Gerd hat gesagt, er will dem Erwin mit dem Brennglas ein Loch in den Arm brennen. Deshalb sieht der Erwin aus wie'n Käse." Und er stand da, rundes Gesicht, blonde Stehhaare, Brille, Tränen in den Augen.
Die Klasse war starr. Mucksmäuschenstill. Nur um Gerd herum zischte es. Frau Lindenmayer ließ den Arm sinken, drehte sich um, ging zu Gerd, streckte die Hand aus und sagte: „Das Brennglas." Langsam zog Gerd den Bindfaden aus der Tasche mit dem Glas und legte es in ihre Hand.
„Soso", sagte Frau Lindenmayer, „es stimmt also."
Und dann schoss ihr das Blut ins Gesicht.
„Verdammt", schrie sie mit feuerrotem Kopf, „da versucht man, euch

was beizubringen und ihr …", und blitzschnell hatte sie ausgeholt und Gerd eine Ohrfeige reingehauen, dass sein Kopf zur Seite flog. Dann war sie wieder blass. Sie drehte sich um und ging nach vorn, an Erwin vorbei, der sich auf seinen Platz drückte. Gerd rieb seine Backe. Dümmel stand an der Wand. Keiner sagte ein Wort. Frau Lindenmayer saß und starrte vor sich auf den Tisch, was sollte sie machen, die Hand war ihr ausgerutscht. Dann raffte sie sich auf und begann ein Verhör. „Erwin, komm her – stimmt das, was Dümmel gesagt hat? – wollten sie dich brennen? – warum? – was haben sie gesagt?"

5 DIE INHALTSANGABE NACH GEHÖR
Auf Zeitablauf und Erzählreihenfolge achten

AUFGABE 17

Höre dir die Geschichte ein zweites Mal an. Notiere in Stichworten (gegliedert) die Ereignisse in ihrer zeitlichen Reihenfolge, so wie sie tatsächlich stattgefunden haben, nicht in der erzählten Reihenfolge.
Benutze die verschiedenen Schauplätze als Gliederungshilfe (Zwischenüberschriften).

> – Sie suchten Dümmel –
> Wer?
> Wann? – (vorher?) später?
> Warum?
>
> 1. Auf dem Schulhof
>   – Dümmel spielt Fangen
>   – Dümmel wird beschrieben
>   warum?
>   – Erwin kurz vorgestellt
>   usw.

AUFGABE 18

Mit welchen Fragen hörst du dir jetzt den Schluss der Geschichte an?

„Ich weiß nichts", sagte Erwin. – „Brennen wollten sie mich – ha'm sie gesagt – warum weiß ich auch nicht."
„Gerd komm her – fang an – erzähl, warum – was hast du dir dabei gedacht?", – und in dem Augenblick klingelt's. Die Klasse drängt raus.
„Gerd, du bleibst hier und sag deinem Vater, er soll am Mittwoch – wo ist denn der Dümmel? Dümmel! Dümmel?"
Nun suchten sie Dümmel. Er war verschwunden. Hatte er sich auf dem Lokus verkrochen, der Feigling? Wehe, tobte die Bande, wenn wir ihn finden! Und wir kriegen ihn! Er kann sich verstecken – aber entkommen kann er uns nicht. Sie schnüffelten durch die Schule, über den Hof, beobachteten die Straße. Sie suchten Dümmel.
„Hast du ihn gesehen?", fragten sie Erwin. Er saß auf einem der großen Müllwagen auf Rädern, die auf dem Hof standen und sah ihrer Hetzjagd zu. Als sie weg waren, klopfte es plötzlich von innen gegen das Metall. Erwin schlug mit der Hand auf den Deckel und sagte: „Halt's Maul, Mensch! Ich sag' dir, wenn du raus kannst."

AUFGABE 19

a) Schreibe jetzt deine Gliederung zu Ende.

b) Wie sind der Eingangsabschnitt der Geschichte und der Schlussabschnitt zeitlich einzuordnen?
Welche Aufgabe hat der Anfang der Geschichte?

Zeitablauf und Erzählreihenfolge sind oft zweierlei

- Wird in der zeitlichen Reihenfolge erzählt oder werden spätere Ereignisse vorangestellt? Welche Gründe gibt es dafür?
- Wie hängen Zeitablauf und Schauplatzwechsel zusammen?

„Und die Moral von der Geschicht?"

Natürlich gibt es Geschichten, die einfach erzählt werden, weil sie spannend sind. Sie dienen der Unterhaltung. Es gibt aber auch viele Erzählungen, Schwänke, Fabeln oder Kurzgeschichten, ebenso wie Filme oder Fernsehsendungen, die nicht nur unterhalten, sondern eine Lehre, eine „Moral", eine Botschaft vermitteln wollen, über die der Leser nachdenken soll.

AUFGABE 20

Lies den folgenden Merkkasten durch und beantworte in Stichworten die einzelnen Fragen. Damit schreibst du einen Schlusskommentar zur Kurzgeschichte „Der Feigling".

„Und die Moral von der Geschicht?"

- Warum wird die Geschichte erzählt? Erkennst du eine Lehre?
- Wird sie ausgesprochen? Wo steht sie im Text?
- Musst du sie dir selbst erschließen?
- Entspricht die Lehre deiner Erfahrung oder bist du anderer Meinung? Begründe deine Ansicht.
---

5 DIE INHALTSANGABE NACH GEHÖR
Und die Moral von der Geschicht?

Wenn du Fragen dieser Art beantwortest, hast du mit wenigen Worten einen Text interpretiert; du hast versucht, seine Aussage oder Wirkung in eigenen Worten zusammenzufassen. Wie kannst du einen solchen **Kommentar** in einer Inhaltsangabe unterbringen? Nun, das ist eine Frage der Verabredung mit dem Fachlehrer. Da dir in der Regel Erkenntnisse zur Aussage des Textes erst am Ende kommen, ist es sinnvoll, in einem Schlussabschnitt am Ende der Inhaltsangabe zu sagen, wie man den Text verstanden hat. Gelegentlich kann die vom Autor beabsichtigte Aussage auch von der Meinung des Lesers abweichen. Dann sollte man als wacher Leser ruhig hinzufügen, wie der Text auf einen selbst wirkt. Die Aussageabsicht und die Wirkung eines Textes auf den Leser müssen nicht übereinstimmen. – Mit einer treffenden Überschrift und einem guten Schlusskommentar kannst du deinem Zuhörer oder Leser zeigen, dass du eine Erzählung oder einen Film verstanden hast.

AUFGABE

 Schreibe nun eine möglichst knappe Inhaltsangabe zu dieser Kurzgeschichte und schließe sie mit einem kurzen Kommentar im letzten Abschnitt ab. Erwähne dabei auch den Aufbau der Erzählung.

Übung macht den Meister

Bekanntlich ist noch kein Meister vom Himmel gefallen, und du müsstest ganz rasante Fortschritte gemacht haben, wenn deine bisherigen Inhaltsangaben, vor allem die nach dem Zuhören, schon vollkommen gelungen wären. Du erhältst deshalb in diesem Kapitel nochmals Gelegenheit zum Üben. Dabei ist für methodische Abwechslung gesorgt: Während du bislang vor allem durch eigene Schreibversuche gelernt hast, darfst du dich jetzt ein wenig zurücklehnen und immer mal wieder mit dem Rotstift arbeiten, d.h. Fehler aufspüren, die andere gemacht haben, und bei der Berichtigung lernen, wie man sie in Zukunft vermeiden kann.

An einem Textbeispiel wiederholst du noch einmal alle wichtigen Gesichtspunkte und Arbeitsverfahren. Die Übungen sind so angeordnet, wie – in der Regel – die einzelnen Beobachtungen, Überlegungen und Arbeitsschritte aufeinander folgen. Am Anfang stehen Ausgangsfragen und die Hauptabschnitte der Inhaltsangabe; die Überschrift hingegen kommt erst am Ende, weil du dann erst Zeit hast, sie dir gründlich zu überlegen. Du kannst die Übungen, je nach deinem bisherigen Trainingsstand, unterschiedlich angehen. Der Übungseffekt ist am größten, wenn du alle Aufgaben zuerst selbst löst, bevor du mit dem Rotstift auf die Schülerbeispiele losgehst.

W-Fragen helfen beim Textverständnis

Rufe dir die W-Fragen ins Gedächtnis, damit du dich rascher in die Ereignisse einer Erzählung hineinversetzen, dich auf sie „einstimmen" kannst. Am besten prüfst du dann deine ersten Hör- oder Verständnisergebnisse mit der Dreischritt-Methode am Text nach. (Vgl. S. 41 ff.).

AUFGABE 1

Lies dir den ersten Abschnitt der Kalendergeschichte von J. P. Hebel durch. Notiere anschließend in Stichworten aus dem Gedächtnis, was dir wichtig erscheint.

ÜBUNG MACHT DEN MEISTER
W-Fragen helfen beim Textverständnis

Der Zahnarzt
von Johann Peter Hebel

Zwei Tagdiebe, die schon lange miteinander in der Welt herumgezogen, weil sie zum Arbeiten zu träg oder zu ungeschickt waren, kamen doch zuletzt in große Not, weil sie wenig Geld mehr übrig hatten und nicht geschwind wussten, wo nehmen. Da gerieten sie auf folgenden
5 Einfall. Sie bettelten vor einigen Haustüren Brot zusammen, das sie nicht zur Stillung des Hungers genießen, sondern zum Betrug missbrauchen wollten. Sie kneteten nämlich und drehten aus dem Weichen desselben lauter kleine Kügelchen oder Pillen und bestreuten sie mit Wurmmehl aus altem, zerfressenem Holz, damit sie völlig aussahen
10 wie die gelben Arzneipillen. Hierauf kauften sie für ein paar Batzen einige Bogen rotgefärbtes Papier bei dem Buchbinder (denn eine schöne Farbe muss gewöhnlich bei jedem Betrug mithelfen). Das Papier zerschnitten sie alsdann und wickelten die Pillen darein, je sechs bis acht Stücke in ein Päcklein.

AUFGABE

2 Die folgenden Stichwortnotizen sind offenbar durcheinander geraten. Ordne sie in der richtigen Reihenfolge. Streiche Überflüssiges.

Der Zahnarzt
– 2 Tagediebe (1)
– Faulpelze (2)
– betteln Brot (3)
– kneten Pillen (4)
– schmieden Plan (5)
– Geldnot (6)
– viel herumgekommen (7)
– vor Haustüren (8)
– Wurmmehl, damit sie wie Pillen aussehen (9)
– noble Verpackung für Betrug (10)

AUFGABE 3

Du hast nun Gelegenheit, die Dreischritt-Methode aus Kapitel 3 zu wiederholen. Erinnerst du dich? Also: zuerst die wichtigen Informationen im Text mit Hilfe der W-Fragen markieren, dann die Stichwörter in der richtigen Reihenfolge herausschreiben und anschließend zusammengehörende Stichwörter unter einer Überschrift zusammenfassen. Versuch's mal.

AUFGABE 4

Nach der Textmarkierung, der Stichwortsammlung und der Gliederung der Stichwörter fehlt als letzter Teil der Dreischritt-Methode noch die Zusammenfassung in wenigen Sätzen. Im folgenden **Beispiel** stimmt zwar die Reihenfolge, aber die Begründungswörter fehlen. Setze sie ein.

> Zwei Faulpelze schmieden einen betrügerischen Plan; (1) ___ sie haben kein Geld mehr. Zunächst bereiten sie den Betrug vor. Sie betteln Brot (2) ___ sie daraus Kügelchen kneten wollen, die wie Arzneipillen aussehen. (3) ___ färben sie sie und wickeln sie ein, (4) ___ sie aussehen wie echte Pillen, (5) ___ sie zu verkaufen.

AUFGABE 5

Welche neugierigen Fragen sind noch offen?

AUFGABE 6

Du bist nun eingestimmt in die Geschichte. Kreuze an, welche der folgenden Fragen die Neugier der Leser wecken und ihr Interesse wachhalten.

- ☐ (1) Sind es plumpe Betrüger oder Spaßvögel, denen es nur um einen Streich, eine Eulenspiegelei geht?
- ☐ (2) Wann und wo ereignete sich dieser Betrug?
- ☐ (3) Gelingt der Betrug oder werden die beiden erwischt?
- ☐ (4) Was geschieht mit ihnen, wenn sie erwischt werden sollten?
- ☐ (5) Welcher Polizist wird sie (vielleicht) verhaften?
- ☐ (6) Wo und wie setzen sie ihren Betrugsplan in die Tat um?
- ☐ (7) Warum erzählt der Autor diese Geschichte überhaupt?

Die Stichwortgliederung – Zugang zum Handlungsablauf

Die Inhaltsangabe ist bekanntlich auch eine gute Denkschulung. Eine nützliche Denksportaufgabe ist es, für je eine Gruppe von Stichwörtern eine Überschrift zu finden, die wesentliche Vorgänge oder Gedanken zusammenfasst. Das bringt Ordnung in das Material und unterstützt das Gedächtnis.
Das hast du bereits bei deinen ersten Stichworten zum Erzählanfang gemerkt.

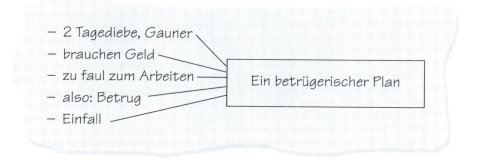

AUFGABE

7 Ordne weitere Notizen der zweiten Zwischenüberschrift zu:

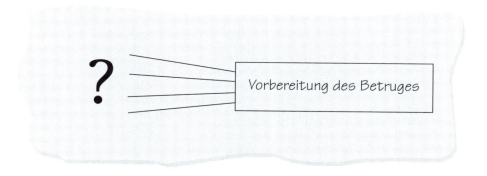

Du bist sicher neugierig auf die Fortsetzung der Kalendergeschichte.

Nun ging der eine voraus in einen Flecken, wo eben Jahrmarkt war, und in den „Roten Löwen", wo er viele Gäste anzutreffen hoffte. Er forderte ein Glas Wein, trank aber nicht, sondern saß ganz wehmütig in einem Winkel, hielt die Hand an den Backen, winselte halblaut für sich und kehrte sich unruhig bald so her, bald so hin.

Die ehrlichen Landleute und Bürger, die im Wirtshaus waren, bildeten sich wohl ein, dass der arme Mensch ganz entsetzlich Zahnweh haben müsse. Aber was war zu tun? Man bedauerte ihn, man tröstete ihn, dass es schon wieder vergehen werde, trank sein Gläschen fort und machte seine Marktaffären aus. Indessen kam der andere Tagedieb auch nach. Da stellten sich die beiden Schelme, als ob noch keiner den anderen in seinem Leben gesehen hätte. Keiner sah den anderen an, bis der zweite durch das Winseln des erstern, der im Winkel saß, aufmerksam zu werden schien. „Guter Freund", sprach er, „Ihr scheint wohl Zahnschmerzen zu haben?", und ging mit großen und langsamen Schritten auf ihn zu. „Ich bin der Doktor Schnauzius Rapunzius von Trafalgar", fuhr er fort; denn solche fremde volltönige Namen müssen auch zum Betrug behilflich sein, wie die Farben. „Und wenn Ihr meine Zahnpillen gebrauchen wollt", fuhr er fort, „so soll es mir eine schlechte Kunst sein, Euch mit einer, höchstens zweien, von Euren Leiden zu befreien." – „Das wolle Gott", erwiderte der andere Halunk. Hierauf zog der saubere Doktor Rapunzius eines von seinen

6 ÜBUNG MACHT DEN MEISTER
Die Stichwortgliederung – Zugang zum Handlungsablauf

roten Päcklein aus der Tasche und verordnete dem Patienten, ein Kügelchen daraus auf den bösen Zahn zu legen und herzhaft darauf zu
25 beißen. Jetzt streckten die Gäste an den anderen Tischen die Köpfe herüber, und einer um den andern kam herbei, um die Wunderkur mit anzusehen. Nun könnt ihr euch vorstellen, was geschah. Auf diese erste Probe wollte zwar der Patient wenig rühmen, vielmehr tat er einen entsetzlichen Schrei. Das gefiel dem Doktor. Der Schmerz, sagte
30 er, sei jetzt gebrochen, und gab geschwind die zweite Pille zu gleichem Gebrauch. Da war nun plötzlich aller Schmerz verschwunden. Der Patient sprang vor Freuden auf, wischte den Angstschweiß von der Stirn weg, obgleich keiner dran war, und tat, als ob er seinem Retter zum Danke etwas Namhaftes in die Hand drückte. –
35 Der Streich war schlau angelegt und tat seine Wirkung. Denn jeder Anwesende wollte nun auch von diesen vortrefflichen Pillen haben. Der Doktor bot das Päcklein für vierundzwanzig Kreuzer, und in wenigen Minuten waren alle verkauft.

AUFGABE

8 a) Untergliedere den Text in Handlungsabschnitte. Finde für jeden Handlungsabschnitt eine Überschrift. Einschnitte sind dort, wo z.B. der Schauplatz wechselt oder eine neue Person auftritt.

b) Die folgenden Überschriften sind durcheinander geraten. Bringe sie in die richtige Reihenfolge.

Ein listiger Plan (1)
Der Pillen-Trick im Wirtshaus (2)
Der Betrug wird vorbereitet (3)
Ein berühmter Doktor kommt (4)
„Zahnschmerzen" im Wirtshaus (5)
Ein gutes Geschäft oder
die geprellten Käufer (6)

A
- Zwei Tagediebe, Faulpelze, viel in der Welt herumgekommen
- in Geldnot, deshalb: Einfall, planen Betrug
- betteln vor Haustüren, nicht zum Stillen des Hungers, sondern für Betrug
- kneten Kügelchen aus Brot
- mit Wurmmehl (gelb) aus altem Holz bestreut
- damit sie aussehen wie Arznei
- für einige Batzen (Geld) rotes Papier gekauft als schöne Verpackung
- einer zum Jahrmarkt in ein Dorf
- ins Wirtshaus „Roter Löwe"
- trinkt seinen Wein nicht, sondern hat Zahnschmerzen
- Leute bedauern ihn
- zweiter Gauner kommt hinzu, kennt ersten nicht mehr
- wird auf Schmerzen (Stöhnen) aufmerksam:
- „Guter Freund, Ihr scheint Zahnweh zu haben."
- stellt sich als berühmter Doktor vor. („Schnauzius Rapunzius aus ..."?)
- „Wenn Ihr meine Pillen gebrauchen wollt ..."
- Patient beißt darauf, schreit laut,
- nach zweiter Pille sind Schmerzen weg
- Freudenschrei, zahlt viel Geld
- alle kaufen die Pillen für 24 Kreuzer jeweils das Päckchen
- bald alle verkauft

B
1. Ein listiger Plan
- 2 „Tagediebe" (Gauner oder Spaßvögel?)
- in Geldnot
- planen Betrug

2. Wie machen sie das?
- betteln Brot
- kneten daraus Kügelchen
- bestreichen sie, damit sie aussehen wie Pillen
- noble, teure Verpackung für Betrügerei
- (einer) im nahen Dorfwirtshaus
- mimt Zahnweh
- zweiter Gauner kommt nach und tut, als kenne er den ersten nicht
- zweiter tut, als werde er aufmerksam, sagt, er sei berühmter Doktor
- bietet Zahnpillen an
- „Patient" beißt darauf
- nach 2 Pillen (nur scheinbar) geheilt
- zahlt fröhlich (viel Geld?)
- Bauern im Wirtshaus kaufen „Wunderpillen", sind aber damit angeschmiert (Betrug)

6 ÜBUNG MACHT DEN MEISTER
Die Stichwortgliederung – Zugang zum Handlungsablauf

AUFGABE 9

a) Vergleiche die Stichwortnotizen der Schüler A und B. Streiche alles, was für eine Inhaltsangabe überflüssig ist. Welchen inhaltlichen Fehler macht A? (Beachte, was er über die Zahnschmerzen sagt.)

b) Ziehe nun in beiden Stichwortzetteln dort einen Querstrich, wo ein Abschnitt zu Ende ist. Schreibe je eine Zwischenüberschrift, die den Abschnitt zusammenfasst. Die Gliederung B hilft dir dabei.

Du hast rasch gemerkt, dass das Beispiel A eher noch eine Stoffsammlung ist, zwar in der richtigen Reihenfolge, aber ohne Trennung in Abschnitte (Gliederung). B hat am Anfang gegliedert, dann jedoch aufgehört. Sinnabschnitte aber erleichtern die Übersicht und schärfen den Blick für das Wesentliche.

Wie erkenne ich einen Sinnabschnitt im Text?

- Am Wechsel der Schauplätze (Straße, Jahrmarkt, Gasthof).
- Es treten andere Personen auf, neue kommen hinzu.
- Die Personen tun etwas anderes als vorher (z. B. sie „produzieren" Pillen, sitzen im Gasthof, heilen Zahnschmerzen usw.).
- Ein zeitlicher Abstand wird erkennbar: z. B. zuerst werden die „Pillen" hergestellt, dann vorgeführt, schließlich verkauft.
- Sinnabschnitte sind also Handlungsabschnitte. In jedem Abschnitt geschieht etwas anderes als zuvor, oder es wird z. B. das Gesprächsthema gewechselt.

Du merkst, man kann die Sinnabschnitte ganz konkret beschreiben. Damit wird es dir leichterfallen, Texte zu gliedern, Zusammengehöriges zu bündeln und unter einer Zwischenüberschrift zusammenzufassen.

Bei einer **Stichwortsammlung** kommen gleichsam die einzelnen Stichwörter im Gänsemarsch daher. Eine **geordnete Gliederung** dagegen gleicht eher einem Festumzug: Vor jeder zusammengehörenden Gruppe wird ein Schild getragen, auf dem der Name der Gruppe oder ein typisches Kennzeichen steht.

Mit deiner Grobgliederung hast du zunächst den Kern des Inhalts erfasst. Damit kann man sich die Hauptvorgänge leichter merken.

Erste Schritte zur Personencharakterisierung

In allen Geschichten dieses Trainingsbuches spielen Menschen eine wichtige Rolle, und alle haben ihre Eigenarten. Da gibt es den mächtigen Kalifen und den klugen Richter, den erzürnten Vater und den eingeschüchterten Sohn und einen falschen Pfarrer. Der geizige und gewinnsüchtige Kaufmann wird von einem ehrlichen Handwerker beschämt, der griesgrämige Herr von seinem gewitzten Diener, und der von vielen unbeachtete „Feigling" wird zum mutigen „Einzelkämpfer" gegen eine ganze Jungenbande.
Du merkst bereits an dieser Zusammenfassung, dass die Personen durch Adjektive (Eigenschaftswörter) näher bestimmt (grob charakterisiert) und gegeneinander abgegrenzt werden. Wie kannst du die Eigenschaften der Personen in einer Geschichte herausfinden?
Zunächst solltest du zwischen dem **Verhalten** und den **Eigenschaften** unterscheiden. Das Verhalten ist etwas Vorübergehendes, die Eigenschaften bezeichnen etwas ständig zu einer Person Gehörendes, z. B. können viele Leute singen, ohne dass sie deshalb Sänger wären, Buben können einmal miteinander raufen, ohne dass sie deshalb schon Schlägertypen wären usw. Aber manchmal kann man aus dem, was eine Person tut, auch etwas über ihre Eigenschaften erfahren, wie dies in unseren Geschichten der Fall ist. Wie kannst du dir ein Bild vom **Verhalten** der Leute machen: Achte genau auf das, was sie tun, beachte in einer Erzählung die **Verben**, mit denen das Verhalten der Personen dargestellt wird. Stimmen mehrere Verhaltensweisen zusammen, dann kann sich darin eine Eigenschaft zeigen.

Eigenschaften von Personen durch Fragen ermitteln

- **Wer** sind die Personen (z. B. Alter, Beruf, Zusammengehörigkeit als Geschwister, Freunde, Eltern und Kinder)?
- **Wie** sehen die Personen aus? Ihre Größe, ihr Alter, ihre Kleidung, ihr Aussehen, ihre Bewegungen, ihre Mimik (der Gesichtsausdruck)?
- **Was** tun die Personen? **Wie** tun sie es?
- **Wie** stehen sie zueinander? **Wie** gehen sie miteinander um?
- **Wie** entwickeln sich die Personen im Text? Bleiben sie immer gleich oder werden sie im Laufe der Zeit anders?

ÜBUNG MACHT DEN MEISTER
Erste Schritte zur Personencharakterisierung

Eigenschaften von Personen ausdrücken

- mit Eigenschaftswörtern: der faule Tagedieb, der zornige Vater, ein mutiger Freund usw.
- mit substantivierten Adjektiven: der Zornige, der Faule, der Betrüger, der Gerechte, der Geizige, der Arme, der Reiche usw.
- mit anschaulichen zusammengesetzten Substantiven: der Faulpelz, der Geizhals, das Großmaul usw.
- mit Vergleichen: flink wie ein Wiesel, stark wie ein Pferd, er kämpft wie ein Löwe, er schwimmt wie ein Fisch usw.
- mit Metaphern (Sprachbilder, verkürzte Vergleiche) z. B.: „du Esel", ein alter Fuchs (durchtriebener Schlaumeier), die „dumme Gans" usw.
- mit genaueren, aber meist längeren Beschreibungen einzelner Verhaltensweisen oder Eigenschaften: „es sind zwar Betrüger, aber sie haben nur Leichtgläubige übers Ohr gehauen, die es nicht besser verdienten" usw.

Bevor man in einer Inhaltsangabe sich auf ein charakterisierendes Adjektiv festlegt, sollte man die oben genannten Merksätze beachten.

Natürlich kann man über die Eigenschaften von Personen auch verschiedener Meinung sein. Ein Leser könnte die zwei Tagediebe für echte Gauner halten, für Straftäter; ein anderer sieht in ihnen vielleicht eher Witzbolde, die mit ihrem Lausbubenstreich Leichtgläubigen eine Abreibung verpassen wollen. Nicht immer kann man deshalb eine Gestalt nur mit einem Eigenschaftswort charakterisieren.

Mit einem Adjektiv oder Adverb beschreibst du einerseits das vorläufige Verhalten eines Menschen (z. B.: Er liegt heute faul in der Sonne.). Zugleich aber beurteilst du ihn manchmal damit ganz grundsätzlich. Wenn du z. B. jemanden als einen „Faulpelz" oder einen „Bruder Leichtfuß" bezeichnest, dann hältst du ihn für einen Menschen, der immer faul oder immer leichtsinnig ist. Es können sich also rasch Vorurteile einschleichen, wenn man die Eigenschaften eines Menschen auf wenige Schlagworte festlegt.

Allerdings dient dies in einer Inhaltsangabe oft auch der raschen Information der Zuhörer. Es ist aber wichtig, solche charakterisierenden oder typisierenden Eigenschaftswörter genau am Text zu überprüfen. Dazu die folgenden Aufgaben.

AUFGABE 10

a) Notiere die wichtigsten Verhaltensweisen und Eigenschaften der Personen nach folgendem Schema. Du kannst, so weit möglich, aus dem Text zitieren oder sie in eigenen Worten wiedergeben.

Die beiden Tagediebe		Die anderen Leute	
Was tun sie? (= Verhaltensweisen)	Erkennbare Eigenschaften	Was tun sie? (= Verhaltensweisen)	Erkennbare Eigenschaften
– Sie missbrauchen Brot zum Betrug – Betrug durch schöne Verpackung der falschen Pillen	– „Tagediebe" – „zum Arbeiten zu träg oder zu ungeschickt" – Sind sie Betrüger oder Spaßvögel?	– Sie „bildeten sich ein" (= sie glaubten ihm, er habe Zahnweh) – Sie „bedauern" und „trösten" den Betrüger, halten ihn für einen „armen" Menschen	– die „ehrlichen" Landleute – mitleidig – einfältig – gutgläubig

b) Übertrage die passenden Eigenschaftswörter für die verschiedenen Personengruppen auf deinen Stichwortzettel für die Inhaltsangabe, und zwar dort, wo es das Verhalten der Menschen erklärt. Z. B. „Die listigen Gauner hecken einen Plan aus." Prüfe, wo du statt „die Tagediebe" besser „die Betrüger" sagst.

c) Wo äußert sich der Erzähler mit eigenen Kommentaren über die Eigenschaften der Tagediebe? Markiere die Stellen im Text. Fasse die Meinung des Erzählers in einem Satz zusammen.

6 ÜBUNG MACHT DEN MEISTER
Alles schön der Reihe nach

Alles schön der Reihe nach

Mit der richtigen Reihenfolge hat man – z. B. für eine Inhaltsangabe – meist den Kern der Handlung erfasst. In unserer Kalendergeschichte wird alles so klar der Reihe nach erzählt, wie es sich zugetragen hat. Keine Rückblicke unterbrechen den Handlungsablauf.
Bei einer Inhaltsangabe hält man sich an den tatsächlichen Zeitablauf. Die Reihenfolge der Vorgänge in unserer Kalendergeschichte ist klar. Es kommt hier eher darauf an, die richtig angeordneten Stichwortnotizen zu informativen Sätzen zu verbinden.

AUFGABE 11

Verbinde die folgenden Stichwörter in der richtigen Reihenfolge zu gedanklich zusammenhängenden Sätzen, die nicht zu eintönig klingen.

Zwei Tagediebe haben einen listigen Plan.

Vorbereitung des Betrugs
   Brot – Kügelchen – Wurmmehl – teure Verpackung

Zahnschmerzen im Wirtshaus
   Schmerzen gespielt – kein Wein – Wirtshausbesucher aufmerksam

Ein berühmter Doktor
   der unbekannte „Retter aus der Not" – ein klingender Name – die zweite Pille hilft – Freude – das Geldgeschenk

Alle wollen Wunderpillen
   alle kaufen – um teures Geld – die wertlosen „Arzneimittel"

Was geschieht danach? Werden die Gauner erwischt?

Der Zusammenhang von Grund und Folge

Bei einer guten Inhaltsangabe soll nicht nur die Reihenfolge stimmen; einem interessierten Zuhörer sollte auch der Zusammenhang von Grund und Folge bald klar werden, d. h. er muss wissen, **warum** die beteiligten Personen dies oder jenes tun und warum die Ereignisse in einer bestimmten Reihenfolge ablaufen. Dass man Zuhörern oder Lesern das Verständnis erleichtern kann, siehst du an folgenden beiden Beispielen.

A

Zwei Tagediebe sind in Not und brauchen Geld. Sie planen einen raffinierten Betrug. Sie betteln Brot, kneten es zu pillenähnlichen Kügelchen. Diese färben sie und wickeln sie in ein teures Papier ein. Jetzt sehen sie wie Arznei-Tabletten aus.

B

Zwei Tagediebe sind in Geldnot. Deshalb planen sie einen raffinierten Betrug. Aus diesem Grunde betteln sie Brot, kneten es zu pillenähnlichen Kügelchen, die sie färben, damit sie wie echte Pillen aussehen. Um sie kostbar erscheinen zu lassen, wickeln sie sie auch noch in teures Papier ein, weil die Leute darauf eher hereinfallen.

AUFGABE 12

a) Unterstreiche in beiden Beispielen die Begründungswörter und prüfe, welche Informationen dir rascher einleuchten.

b) Es gibt viele Möglichkeiten, den Zusammenhang von Grund und Folge zu verdeutlichen. Verändere die Begründungswörter im Beispiel B, indem du auch einen anderen Satzbau verwendest. Beispiel: „Weil zwei Tagediebe in Geldnot sind, planen sie einen raffinierten Betrug ..."

AUFGABE 13

Setze die – auch vom Satzbau her – richtigen Begründungswörter in folgende Inhaltsangabe ein. Auf Seite 90 findest du weitere Begründungswörter, falls dir selbst keine mehr einfallen.

6 ÜBUNG MACHT DEN MEISTER
Der Zusammenhang von Grund und Folge

Die Wunderpillen

Zwei Tagediebe sind in Geldnot, (1) _____ wollen sie sich mit einer List helfen. Aus erbetteltem Brot kneten sie Kügelchen und bestreuen sie mit Holzwurmmehl, (2) _____ sie aussehen wie echte Tabletten. (3) _____ sie besonders wertvoll erscheinen zu lassen, verpacken sie sie in teures Papier.

(4) _____ sie ihren Betrugsplan bald in die Tat umsetzen wollen, geht einer von ihnen ins nächste Dorf, _____ dort ist Jahrmarkt, und viele Leute sind da. Er setzt sich in ein Wirtshaus und täuscht dort starke Zahnschmerzen vor, (5) _____ die Leute auf ihn aufmerksam werden. Nach einer ganzen Weile – (6) _____ es soll nicht so auffallen – kommt der andere Gauner hinzu. Er tut, als werde er auf den Jammernden aufmerksam; (7) _____ er mit ihm Mitleid zu haben scheint, gibt er ihm seine „Wunderpillen". (8) _____ bei den Wirtshausbesuchern Eindruck zu machen, stellt er sich als einen berühmten Doktor vor.

Der „geheilte Patient" bedankt sich überschwenglich, (9) _____ er dem „Arzt" ein größeres Geldstück gibt. (10) _____ die Tabletten so rasch und erfolgreich gewirkt haben, wollen sie auch die Wirtshausbesucher kaufen. (11) _____ bezahlen sie auch gern viel Geld dafür, (12) _____ sie damit ganz schön angeschmiert sind.

MERKE

Begründungswörter verdeutlichen Grund und Folge

1. **unterordnende Bindewörter** (subordinierende Konjunktionen)
   z. B.: weil, da, als, denn, dass, damit
2. **Adverbien des Grundes**
   z. B.: darum, deshalb, deswegen, zwar – aber
3. **Präpositionen**, die das Verhältnis von Ursachen und Folge kennzeichnen
   z. B.: wegen (der Geldnot), dank (seiner Hilfe), um (Pillen zu machen, brauchten sie Brot ...)

Nicht in allen Sätzen sind Begründungen nötig. Manchmal wird der Zusammenhang von Grund und Folge auch durch Konjunktionen verdeutlicht. Lege dir deshalb als Hilfsmittel für die Satzverbindung eine Konjunktionenliste an, damit du genügend Abwechslungsmöglichkeiten vor Augen hast.

Konjunktionen für abwechslungsreiche Satzverbindungen

Aussageabsicht	koordinierende Konjunktionen (gleichordnende)	subordinierende Konjunktionen (unterordnende)
Zeit	dann, darauf, zuvor, eher, seitdem	als, bevor, ehe, nachdem, seit, seitdem
Art und Weise		indem
komparativ (vergleichend)	so, also, ebenso, desto, umso	wie, gleichwie, so – wie, als, als ob, als wenn, wie, wenn, je – je, je – desto
Grund: rein kausal konsekutiv (folgend)	denn, nämlich, darum, daher, deswegen, deshalb, also, folglich, mithin, demnach	weil, da dass, sodass
final (begründend) konditional (bedingend)	dazu, darum sonst, andernfalls	dass, auf dass, damit, um zu wenn, falls, wo nicht, außer wenn, im Falle dass, sofern
konzessiv (einräumend)	zwar – aber, wohl – aber, trotzdem	obgleich, obwohl, wenngleich

Daneben gibt es noch drei andere Arten von Konjunktionen, die sich auch für die Verbindung von Sätzen oder Satzteilen in Aufsätzen anbieten:

Kopulative (verbindende) Konjunktionen: und, auch, zudem, außerdem, desgleichen, sowohl – als auch, nicht nur – sondern auch, weder – noch, bald – bald, erst – dann, ferner, ja (steigernd), weiter, hernach, zuletzt, endlich; erstens, zweitens, drittens, zum Ersten usw., teils – teils, einerseits – andererseits

Disjunktive (unterscheidende) Konjunktionen: oder, entweder – oder

Adversative (entgegenstellende) Konjunktionen: aber, allein, doch, jedoch, indessen, gleichwohl, vielmehr, sondern; subordinierend: während

Wohin mit der wörtlichen Rede?

In den Schülerbeispielen (Stichwortzettel) für die Inhaltsangabe zu unserer Gaunergeschichte ist dir sicher ein Fehler aufgefallen: es wurden Zitate in wörtlicher Rede notiert. Du weißt, es gibt bei der Inhaltsangabe nur drei Möglichkeiten, die wörtliche Rede zu übertragen: weglassen, zusammenfassen oder in den Konjunktiv als indirekte Rede umformen, wenn sie besonders wichtig ist zur Information des Lesers.

AUFGABE

Bearbeite die folgenden Beispiele der wörtlichen Rede für eine Inhaltsangabe. Nutze dabei alle drei Möglichkeiten.

a) „Guter Freund" ...
b) „Ich bin der Doktor Schnauzius Rapunzius von Trafalgar."
c) „Und wenn ihr meine Zahnpillen gebrauchen wollt, so soll es mir eine schlechte (= einfache) Kunst sein, Euch mit einer, höchstens zweien, von Eurem Leiden zu befreien."

Du erinnerst dich: wörtliche Rede im Indikativ (Wirklichkeitsform), indirekte Rede im Konjunktiv (Möglichkeitsform). „Ich bin Arzt" → Er sagt(e), er sei Arzt.
Da wir bei diesem Trainingsabschnitt nicht nur die Inhaltsangabe üben und absichern, sondern für die Textinterpretation etwas dazulernen wollen, könnte man sich fragen, warum der Erzähler überhaupt die wörtliche Rede gebraucht. Warum sagt er es nicht so, wie du es eben umgeformt hast? – Vermutlich deshalb, weil dieses kurze Gespräch (der Dialog) zwischen dem „Arzt" und seinem „Patienten" der Höhepunkt der Geschichte ist. Jetzt zeigt es sich, ob die Gäste im Wirtshaus Interesse finden an der „Wunderheilung", ob die Gauner ihre Vorbereitungen umsonst getroffen haben, oder ob ihre „Arbeit" mit Erfolg gekrönt sein wird. Wenn der Erzähler sich nun zurückzieht und seine Figuren selbst einmal zu Wort kommen lässt, wirkt das besonders lebendig und unmittelbar. Die wörtliche Rede ist hier also ein erzählerischer Kunstgriff, mit dem der Autor seine Leser auf einen Höhepunkt aufmerksam macht, bei dem sie die Gestalten deutlicher als bisher nicht nur vor sich sehen, sondern auch hören können.
Da die Inhaltsangabe knapp und sachlich sein soll, gehören solche Beobachtungen nicht dorthin, sondern in eine Interpretation. Man kann aber auch in einem gesonderten Schlussabschnitt schon einige Beobachtungen zur Erklärung des Textes anfügen, wenn dies im Unterricht verabredet wurde.

Die Einleitung

Die Einleitung soll kurz und informativ sein, ein Problem des Textes andeuten, ohne zu viel zu verraten, und die ersten W-Fragen eines Zuhörers beantworten.

AUFGABE 15

a) Du kennst die Geschichte inzwischen ganz gut. Schreibe selbst eine Einleitung.

b) Vergleiche die folgenden Einleitungsvorschläge. Streiche überall weg, was dir überflüssig erscheint, damit nur die wichtigsten Kurzinformationen stehen bleiben.

1.
> J. P. Hebel schrieb diese Kalendergeschichte etwa um 1800. Sie handelt von zwei Tagedieben, die viel zu faul waren, um durch redliche Arbeit ihr Geld zu verdienen. Deshalb kneteten sie aus Wurmmehl Kügelchen, machten, dass diese aussahen wie Tabletten und betrogen damit die Leute. Das kam so: ...

2.
> In dieser Kalendergeschichte von J. P. Hebel kommen zwei gerissene Tagediebe vor. Sie verabreden einen Plan, kommen in ein Dorf und gewinnen dort viel Geld. Damit machen sie sich aus dem Staube und lachen sich ins Fäustchen.

3.
> Diese Kalendergeschichte von J. P. Hebel handelt von zwei Tagedieben, die durch einen Betrug andere geschickt hereinlegen und dabei einen guten Batzen verdienen. Sie haben es auf folgende Weise angestellt: ...

4.
> J. P. Hebels Kalendergeschichte spielt in der Zeit, als es noch keine Autos und keine Eisenbahn gab und als die Apotheker ihre Arzneimittel noch selbst hergestellt haben, etwa vor 200 Jahren. Sie erzählt von zwei raffinierten Trickbetrügern, die gutgläubige Bauern mit einer List übers Ohr hauen.

6 ÜBUNG MACHT DEN MEISTER
Eine treffende Überschrift

5.
> Zwei Tagediebe waren zu faul und zu ungeschickt zum Arbeiten. Sie sind schon lange in der Welt umhergezogen. Als sie wieder einmal kein Geld hatten, sagte einer zum anderen: „Du, wir gehen Brot betteln und machen daraus Pillen, die bestreuen wir mit Wurmmehl und packen sie fein ein, damit jeder denkt, es wären echte Tabletten."

Eine treffende Überschrift

Du hast gemerkt, vor allem am Beispiel der älteren Schwänke, dass der überlieferte Titel einer Erzählung nicht immer besonders treffend und charakteristisch sein muss. Auch unsere Kalendergeschichte „Der Zahnarzt" hat keine hinreißende Überschrift. Dass es sich um einen Gaunerstreich handelt, weiß man erst, wenn man den Text gelesen hat. Denke deshalb über mögliche andere Titel nach.

AUFGABE 16

Prüfe folgende Schülervorschläge für Überschriften. Kreuze rechts an, welche Vorschläge du für brauchbar hältst.

Zeichenerklärung: X = richtig; (X) = besonders treffend; f = falsch.

Welche Überschriften treffen den Kern der Geschichte?	
– Wer anderen eine Grube gräbt, fällt selbst hinein	
– Ein sauberer Doktor!	
– Der größte Lump bleibt oben auf	
– Der falsche Zahnarzt	
– Die teuren Tabletten	
– Die bestrafte Dummheit	

- Von Leuten, die mehr sein wollten, als sie wirklich waren

- Hereingefallen

- Zwei Tagediebe schlagen zu

- Bauernfänger am Werk

- Aus Schaden wird man klug

- Die Zahnpillen

- Ein berühmter Doktor in einer Dorfkneipe

- Zwei Tagediebe führen die Leute an der Nase herum

- Zu viel Vertrauen ist gefährlich

- Klug begonnen ist schon halb gewonnen

Es ist, wie du merkst, nicht leicht, sich für einen bestimmten Titelvorschlag zu entscheiden, und zwar nicht nur, weil die Aussagekraft der Beispiele unterschiedlich ist, sondern weil sich hinter jedem guten Vorschlag schon eine **Deutung** zeigt. Einzelne Überschriften bewerten die Ereignisse aus verschiedenen Perspektiven (Sichtweisen, Standpunkten). Das Beispiel „Bauernfänger am Werk" vertritt die Sache der Betrogenen; hier sind die „Tagediebe" richtige Betrüger, Verbrecher. Wer „Hereingefallen" sagt, empfindet gegenüber den Geprellten eher Schadenfreude und sieht hinter dem Betrug eher einen Lausbubenstreich. So kann die Überschrift oft schon eine – wenn auch einseitige – **Interpretation** enthalten.

Erzählerkommentar und Leserkommentar

Die einfache Form der Inhaltsangabe gibt nur das Geschehen (z. B. einer Erzählung) wieder, wie du es in der ersten Hälfte dieses Buches gelernt hast. Die fortgeschrittene Form wird zusätzlich eine Reihe von Beobachtungen berücksichtigen, die allmählich zur Textinterpretation hinführen. Dazu gehört das Eingehen auf Erzählerkommentare und das Formulieren einer eigenen Meinung zum Text. Dieser eigene Kommentar muss durchaus nicht mit der Meinung des Autors oder Erzählers übereinstimmen. Er kann z. B. das Verhalten einer Person aus heutiger Sicht ganz anders bewerten, als es der Autor zu seiner Zeit sah.

Wohin gehören die Kommentare bei einer Inhaltsangabe? Sie werden, jeweils nach einer Leerzeile, in je einem Abschnitt (A und B) kurz zusammengefasst und an die Inhaltsangabe angefügt. Beispiele:

A An verschiedenen Stellen der Geschichte sagt der Erzähler (oder der Autor), was er von den Betrügern hält. Für ihn ist das nicht einfach ein Lausbubenstreich, sondern ein handfester Betrug. Aber in seinem Schlusskommentar sagt er auch, dass die Bauern selbst schuld an ihrem Reinfall waren, denn so leichtgläubig sollte man fremden Menschen nicht vertrauen. Er äußert kein Mitleid mit den Betrogenen.

B Ich verstehe die Geschichte auch als Kritik an den Betrügern und an den Bauern vor fast 200 Jahren. Aber sie gehört nicht nur in die Vergangenheit. Sie bezieht sich vielleicht auch auf die heutige Zeit. Man soll sich von der Werbung nicht verführen lassen. Oft beeinflussen uns im Kaufhaus die schönen Farben, Bilder und Düfte zu leicht, und man kauft Sachen, die man eigentlich gar nicht braucht.

MERKE

Erzählerkommentar und Leserkommentar bei der Inhaltsangabe

- Erzählerkommentare A werden in eigenen Worten kurz zusammengefasst und an die Inhaltsangabe – als Meinung des Erzählers – angefügt.
- Deine eigene Meinung B zum Inhalt des Textes und (oder) zum Erzählerkommentar kannst du in einem weiteren Abschnitt äußern.

Von der Inhaltsangabe zur Texterschließung

In diesem Buch war wiederholt die Rede von der „Texterschließung". Was ist das? Unter **Texterschließung** versteht man die Vorarbeiten, mit denen man einen Text „erschließt", um ihn besser zu verstehen. Dazu gehören alle Arbeitsschritte zur Inhaltsangabe, aber auch Fragen nach dem **Textaufbau**, der **sprachlichen Form** und der **Aussageabsicht** des Autors. Entsprechende Aufsatzformen sind z. B. die Personencharakterisierung, die Textbeschreibung oder die Interpretation.

Die Inhaltsangabe ist auf die Vorarbeiten der Texterschließung angewiesen und gilt einerseits als eine erste Annäherung an den Inhalt eines Textes. Andererseits aber – und darin liegt ihre Schwierigkeit – braucht man für eine gute Inhaltsangabe bereits den vollen Durchblick, wie ihn die W-Fragen ansteuern: Wann und wo spielt die Geschichte? Wer ist beteiligt? Wer mit wem? Wer gegen wen? Warum so und nicht anders? Was sagt der Autor? Wie sagt er's? Warum erzählt er überhaupt die Geschichte? Was fange ich heute damit an? Solche Fragen erschließen Texte und bereiten zugleich die Inhaltsangabe vor.

Die handwerklichen Hilfsmittel dazu hast du in diesem Trainingsprogramm geübt, z. B. beim „Warum-Spiel" (S. 48), bei Ausblicken auf die Schauplätze oder beim Charakterisieren von Personen (z. B. durch Adjektive). Wir sind auch ein wenig der Sprache auf den Leib gerückt, z. B. bei Beobachtungen zur wörtlichen Rede (S. 67, 91) und zu den Satzverbindungen (z. B. durch Konjunktionen (S. 88–90). Auch den Ablauf eines Geschehens hast du gegliedert.

Zu den besonderen Arbeitstechniken für Inhaltsangabe und Texterschließung gehören auch das konzentrierte Zuhören und das „Bildersehen" der eigenen Vorstellungskraft. Wenn man eine Geschichte hört oder liest, fragt man sich: Was sehe ich vor meinem geistigen Auge, was höre ich konkret in meinem inneren Ohr, wenn z. B. Hebels Tagediebe ihr Gaunerspiel in der Dorfschenke treiben?

Die Übersicht auf S. 97 stellt nochmals die wichtigsten Gesichtspunkte zusammen, mit denen man eine Inhaltsangabe überprüfen kann. Die Gesichtspunkte 4 und 5 werden, je nach Verabredung, dem Kommentarabschnitt angefügt. Sie gelten aber auch für andere textbezogene Aufsatzformen. – Bevor du deine Inhaltsangabe als Klassenaufsatz abgibst, kannst du dir nochmals einige Grundfragen stellen:

7 VON DER INHALTSANGABE ZUR TEXTERSCHLIESSUNG
Wichtige Gesichtspunkte im Überblick

Wichtige Gesichtspunkte im Überblick

1. **Der Datenrahmen: Was sollte der Leser (Zuhörer) wissen?**
   - Autor, Textsorte (Filmart), Titel
   - evtl. Zeit der Entstehung oder der Veröffentlichung

2. **Die Handlungsebene: Wird das Geschehen stimmig erzählt?**
   - Einleitungs-Überblick: Wer? Was? Wann? Wo? (kurz!)
   - Hauptteil: Das Wie? und das Warum? im Einzelnen
     - Handlungsablauf: Was geschieht? Wann? Wo? Wie? Warum? In welcher (zeitlichen) Reihenfolge? Warum?
     - Schauplätze: Wo? Warum?
     - Personen: Eigenschaften, Zusammenspiel, Konflikte?
     - Handlungszeit: Wann? Wie lange? (Raffung, Dehnung)?

3. **Die Begründungsebene: Das Warum-Spiel als Spurensuche**
   - Warum verhalten sich die Personen so?
   - Was folgt daraus im weiteren Geschehen?

4. **Gestaltungsebene: Gliederung, Aufbau, Erzähltechnik**
   - Wie ist die Handlung aufgebaut, wie der Text gegliedert?
   - Wechseln die Schauplätze? Warum?
   - Gliedert der Zeitablauf das Geschehen?
   - Wer erzählt – auf welche Weise? (Perspektive; Raffung, Dehnung, Rückblende u. a. m.)

5. **Sprachliche Gestaltung: Was fällt mir an der Sprache auf?**
   - Wo weicht der Satzbau von der Umgangssprache ab?
   - Welche Rolle spielt die wörtliche Rede (in Dialogen)?
   - Bildhafte oder nüchterne Wortwahl? Lebendige Verben?
   - Welche Konjunktionen benutzt der Autor? Welche brauche ich?

6. **Die Bedeutungsebene: Aussageabsicht und Wirkung eines Textes?**
   - Wo gibt der (Autor) Erzähler direkte Kommentare? Warum?
   - Welche (indirekte) Erzählabsicht, welche „Lehre" erkenne ich?
   - Wir wirkt die Geschichte auf mich? – Warum?

Rückblick und Ausblick

Ein berühmter Maler sagte einmal zu seinen Studenten: „Wer nichts weiß, sieht nichts." So ähnlich ist es auch beim Umgang mit Texten: Wer nicht weiß, wie er fragen soll, findet schwerlich die richtigen Antworten. Die Textarbeit beginnt mit dem Fragen. Du hast in diesem Trainingsprogramm viele Fragen an Texte kennengelernt; nun kannst du sie noch einmal in einer Übersicht zusammentragen (S. 99).

Du wurdest in diesem Trainingsbuch wiederholt aufgefordert, dir die Inhalte von Texten vor deinem geistigen Auge und deinem inneren Ohr vorzustellen und dein „Kopfkino" einzuschalten. Diese „Arbeitstechnik" wird auch in Zukunft deine Vorstellungskraft fördern, wenn du „das Land des Lesens" betrittst, jene Welt, in die uns Bücher führen können. Der Schriftsteller Erich Kästner, dessen berühmtes Jugendbuch „Emil und die Detektive" du vielleicht schon kennst, hat sehr anschaulich beschrieben, in welche Welten uns das Lesen versetzen kann:

> „Das Land des Lesens ist ein geheimnisvoller, unendlicher Erdteil. Aus Druckerschwärze entstehen Dinge, Menschen, Geister und Götter, die man sonst nicht sehen könnte. Wer noch nicht lesen kann, sieht nur, was greifbar vor seiner Nase liegt oder steht: den Vater, die Türklingel, den Laternenanzünder, das Fahrrad, den Blumenstrauß und, vom Fenster aus, vielleicht den Kirchturm. Wer lesen kann, sitzt über einem Buch und erblickt mit einem Male den Kilimandscharo oder Karl den Großen oder Huckleberry Finn im Gebüsch oder Zeus als Stier, und auf seinem Rücken reitet die schöne Europa. Wer lesen kann, hat ein zweites Paar Augen, und er muß aufpassen, daß er sich dabei das erste Paar nicht verdirbt."

7 VON DER INHALTSANGABE ZUR TEXTERSCHLIESSUNG
Rückblick und Ausblick

AUFGABE 1

Die folgende Übersicht fasst noch einmal wichtige Gesichtspunkte für Inhaltsangabe und Texterschließung zusammen. Notiere in den leeren Kästchen konkrete Hinweise und die wichtigsten Fragen zu jedem Gesichtspunkt. Anschließend kannst du sie auf einen neuen Kompass übertragen (vgl. S. 46) und als Arbeitsinstrument benutzen. Viel Erfolg dabei!

Gesichtspunkte zur Texterschließung

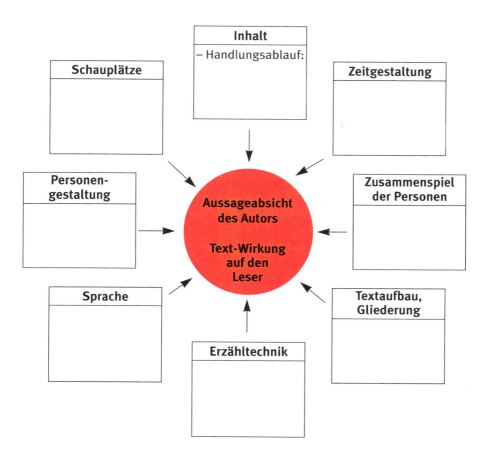

Der Fragenkompass als Mittel der Texterschließung

Die wichtigsten Fragen zur Inhaltsangabe und Texterschließung kannst du dir leichter merken, wenn du dir ein kleines Werkzeug herstellst, den Fragenkompass für Anfänger. Du schreibst auf eine Pappscheibe alle wichtigen Fragen nach dem Muster A.
Eine kleinere zweite Scheibe beschreibst du nach dem Muster B und schneidest einen Sektor heraus. Bohre in die Mitte beider Scheiben ein Loch, lege B auf A, stecke eine Musterklammer D durch beide Löcher und klebe von unten eine Abdeckscheibe C darauf. Jetzt kannst du die obere Scheibe B so drehen, dass du nur einen Ausschnitt aus der (unteren) Scheibe A siehst. So kannst du dich leichter auf einzelne Fragen konzentrieren. Wenn dir einmal keine eigenen Fragen zu einem Text einfallen, drehst du die Scheibe B beispielsweise auf den Sektor „Wer?". So wirst du neugierig auf die Personen im Text, und schon hast du einen Einstieg. Der Kompass verhilft dir bei jedem Drehen zu weiteren Fragen, die dir die Inhaltsangabe und die Textarbeit erleichtern werden.

Dieser Kompass enthält drei Gruppen von Fragen zur Texterschließung, die auf zwei Scheiben angeordnet sind:

a) **Inhaltsfragen:** Wer? Wer mit wem? Wer gegen wen? Was? Wo? Wann? Dazu gehört oft auch die Begründungsfrage nach dem WARUM? Warum z. B. laufen die Ereignisse so und nicht anders ab?

b) Die **Gestaltungsfragen:** Wie wird erzählt? Welche sprachlichen Mittel benutzt der Autor? Sie richten den Blick des Lesers auf die Darstellungsweise eines Textes, z. B. auf die Sprachebene. Es ist ein Unterschied, ob man einen Kopf als „Birne" oder „Haupt" bezeichnet, ob es heißt: er spürte „ein Klopfen an seinem Halse" oder „er hatte Angst".

c) Die **Deutungsfragen** sind für viele Leser die Hauptsache, deshalb werden sie bei unserem Kompass auf eine andere Scheibe gesetzt. Alle übrigen Fragen zielen auf diese Fragen hin: Wie wirkt die Geschichte auf mich? Mit welcher Absicht erzählt sie der Autor? usw.

7 VON DER INHALTSANGABE ZUR TEXTERSCHLIESSUNG
Der Fragenkompass als Mittel der Texterschließung

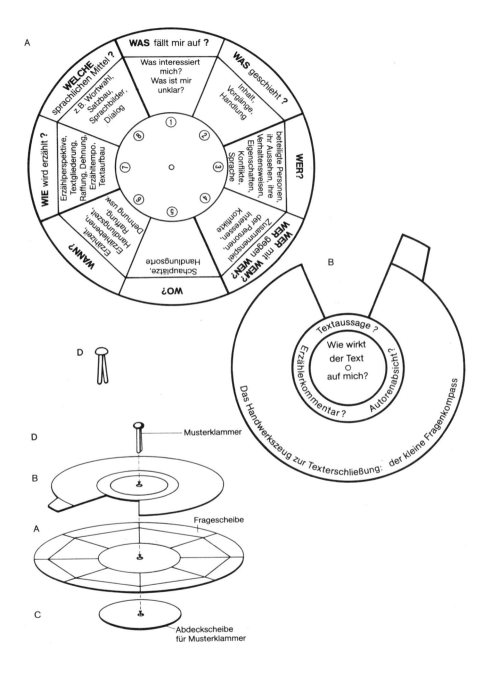

Quellenverzeichnis

Texte
S. 34 Otto Jägersberg: Der Pfarrer von Bruchsal, aus: Tübinger Vorlesebuch. Kleine Geschichten aus Baden-Württemberg, herausgegeben von Reiner Rinker, im Auftrag des Südwestfunks, Konrad Theiss Verlag, Stuttgart 1984, S. 65
S. 42 Sabine findet einen Freund, aus: Ilse Kleberger, Jannis der Schwammtaucher, © Erika Klopp Verlag, Berlin/München
S. 69 Hans May, Der Feigling, aus: Der Boß und andere Geschichten. Ausgewählt von Weert Flemmig, Hans May und Hans-Heinrich Strube. GTB Siebenstern 233, © Gütersloher Verlagshaus Gerd Mohn, Gütersloh 1977, S. 53–57

Abbildungen
S. 33 E. O. Plauen, Vater und Sohn. Gesamtausgabe. © Südverlag GmbH, Konstanz 1982
Mit Genehmigung der Gesellschaft für Verlagswerte GmbH, Kreuzlingen/Schweiz
S. 72 aus: Der Boß und andere Geschichten. © Illustrationen: Frantz Wittkamp. GTB Siebenstern 233.
Gütersloher Verlagshaus Gerd Mohn, Gütersloh 1977

Klett LernTraining

das große Lernprogramm von der Grundschule bis zum ABI

Die Reihen, die allen Bedürfnissen gerecht werden, im Überblick

1. **Besser werden mit** Training

2. **Spielend Schulstoff üben mit** AbenteuerTraining

3. **Mit** Abi-Training **fit fürs Abi**

4. **Durchblick bei der Lektüre –** Lektürehilfen

5. **Abiturwissen –** das geballte Wissen fürs Abi

6. **PC-Training –** Die Fitness-Programme

7. **PC-Kurswissen –** Pures Abi-Wissen aus dem Computer

Mehr Infos erhalten Sie durch unser Lernhits Gesamtverzeichnis
erhältlich in Ihrer Buchhandlung oder direkt bei uns: Ernst Klett Verlag, Postfach 10 60 16, 70049 Stuttgart